知的生きかた文庫

弘兼流
50代からの人生を楽しむ法

弘兼憲史

三笠書房

はじめに

後半生を力強く楽しむ「六つの心得」

――やり残した夢をかなえよう！

「後半生」という言葉には、なだらかな下り坂のイメージがある。

人生の上り坂は「前半生」で、後半生はその余韻《よいん》といった感じだ。余韻だから、前半生で蓄えてきたものや積み重ねてきたものをベースにして生きていく。

社会的な地位、あるいは家や土地といった資産をバックに、無理はせず、ものわかりの良さそうな顔をして穏やかに生きていく。――でもいまどき、そんな後半生がこれからの人生に待ち構えていると考える人はいないはずだ。

ぼくは五〇歳からが後半生だと考えている。理由は単純で、社会に出てから三〇年ぐらいになるからだ。寿命を考えれば残りもそれくらい。五〇歳前後がちょうど半分ということになる。

けれどももう一つ、積極的な理由がある。

五〇歳というのは、なってみればよくわかるがまだまだ若い。そこにあえて区切りを置くことで、後半の人生を力強くスタートできるはずだと思ったからだ。

「余生」ではなく「後半生」なのだから、幕が上がって新しい人生が始まると思えばいい。下り坂かもしれないが、それを楽しめる気力や体力ならまだ十分に残っている。

ぼくが五〇歳になって感じたのは、「こんなものか」というあっけなさだった。たいていの人がそうだと思う。二〇代や三〇代の頃に考えた五〇代というのは、もう少し「完成された世代」のように思えたものだった。

自分が実際になってみれば何のことはない。仕事は相変わらずバタバタしているし、ドジな性格も変わらない。

それでもいくつか変わったことがある。

まず、大それた野心がなくなった。いまから実現可能な夢と、そうでない夢の区別がはっきりつけられるようになった。

それから少しずつ身軽になってきた。「まだまだ荷は重いよ」とつぶやく人がいるかもしれないが、これからの人生がどんどん身軽になっていくのは間違いない。

後半生は、これまでの人生でやり残したことや、ささやかではあっても自分の憧れる世界を楽しんでみたい。

自分が納得できる人生にしようじゃないか

もうひとつ気がついたことがあって、案外、元気なのだ。体力や気力の衰えは正直に認めるが、好奇心が錆びついたわけでもないし、守りに徹して小さく身を固めているわけでもない。

何が起こるかわからない世の中だから、もしまったく新しい人生が始まるというのなら「それも面白いな」と飛び込むことだってできそうだ。

五〇代というのは、「完成された世代」どころか、自分に開き直れば、かなり「無邪気」な世代ではないかと思うようになった。

なぜなら、後半生最大の目標は、自分が楽しく生きることだからだ。やがて会社とは縁が切れ、家族とも自由な関係になる。いまさら出世も社会的な名誉も要らないのだから、他人にどう思われるかなんて気にしなくていい。

それにどうせ身軽になっていくのだから、何かを失うことを恐れても始まらない。自分が楽しく生きようと思えば、気取りも面子《メンツ》も邪魔なだけになる。「無邪気」な子供になりきって遊べる人間でなければ、腹の底から愉快な気分にはなれないだろう。

ぼくは、変な言い方だが、ちかごろ自分が大切になってきた。自分の楽しみや、心地良い時間が何より大事なものに思えてきた。

これも、後半生を迎えて変わってきたことのひとつかもしれない。

これからの人生は、何かを守ったり誰かのためにあるのではなく、自分自身が「楽しかった」と納得できる人生ならそれでいいと思っている。

義務感に追い立てられながらあくせく生きるのではなく、周囲に憚《はばか》ることなく自分の人生を楽しむ。

これが後半生の醍醐味ではないか。

これからは好きにさせてもらおう

そう考えれば、五〇代というのは楽しい世代のはずなのだ。これから少しずつ、自分の人生が始まっていくのだから。

ところが、楽しいはずの後半生をしおれた気持ちで迎える男たちが大勢いる。出るのは会社や家族の愚痴ばかり。景気は最悪、大学までやった子供も気楽なフリーター暮らしだ。「いったいオレは何のために」とつい、愚痴が出る。

確かに生きづらい世の中になった。しかし、自分の後半生を世の中や家族に合わせる必要はないはずだ。

楽しく生きることがこれからの人生最大の目標なのだから、リストラごときでしおれるわけにはいかない。どういう世の中になろうが、自分の人生の楽しみは、楽しみとして味わい尽くしたいからだ。

後半生をしおれた気持ちで迎える人は、それまでの五〇年にこだわり過ぎているのだろう。せっせと積み上げてきたものが失われるかもしれない不安、守り続けることの苦しさ、着実に弱まっていく自分の権威や立場。すべて前半の人生への未練に過ぎないのではないか。

五〇歳は中間点だが、マラソンじゃあるまいし、再び同じ道を必死に走るわけではない。ここまでは仕方がないからがんばった。

でももう、好きにさせてもらおう。

「そうはいかない」と言う人もたくさんいるだろうが、気持ちの上では区切りをつけていいはずだ。

後は、それぞれ自分のペースでアクセルを緩めていく。下り坂なんだから、アクセルなんか踏まなくても走る。これが後半生のいいところと心得たい。

新しい自分をスタートさせる「六つの心得」

そのために、ぼくらはいくつかの「心得」が必要になる。これからの人生、これだけは守ろうという自分への約束事が必要になってくる。

なぜなら、それがなければいままでと同じになるからだ。前半生への未練をズルズルと引きずった生き方しかできなくなる。

その「心得」を、ぼくは六つ挙げてみたい。特別なものは含まれていない。決して難しいことでもないと思う。

①一番目は「小欲」がキーワードになる。

生きるために必要なものは十分過ぎるくらい揃ったのだから、いまさら「大欲」はいらない。そんなものに振り回されていたら、現実の人生を少しも楽しめない。手の届くところにある幸福感や楽しさを、じっくりと味わう。

それができれば後半生はうんと気楽な人生になる。（1章　これからは「小欲」で生きよう）

②**二番目は「過去なんか振り返らない」**ということだ。これは前半生で学んだはずの決心かもしれない。

かつて、過去を振り返って楽しかったことはただの一度もなかった。余韻に浸っていただけのことで、いまが本当に楽しいときには、過去のことなんかきれいさっぱり忘れていたはずだ。（2章「過去のことはもういいじゃないか」と決めよう）

③**三番目は「楽しさに真っ直ぐ向かう」**ということだ。

これが無邪気さだと思って欲しい。（3章　遊びや趣味——楽しいことは本気で

やろう）

④四番目は「迷わない」ということだ。

いままでの人生ではどうだったか。

しばしば迷った。

理由は簡単で、天秤にかけるからだ。どちらが安全か。どっちを選べば儲かるか。自分の気持ちに忠実になれば答えは簡単に出てくる場面で、なぜあれだけ迷ったのか。すべて保身のためだ。失うことを何より恐れたから、迷ってしまった。後半生には失って困るものなど何もないと気づこう。（4章 仕事や生きがい――「迷ったら一歩前に」出てしまおう）

⑤五番目は「ちょっと穏やかな感情」だ。

大切な人を持つ。ぼくは後半生に欠かせないのは、「この人のためなら」と思える人間の存在だと考えている。それが肉親であってもいいし、他人であってもいい。とにかく自分以外の誰かだ。

そういう人を持つというのは、後半生に潤いや安らぎをもたらすのではないか。独り善がりの楽しみに埋もれてしまわないためにも、自分にとって大切な人間が存在するというのはいいことだと思っている。その人のためなら、いつでも自分を放り出せるというのは、限りなく身軽な生き方ではないだろうか。

そういう人間がいることを自分の喜びとする。これもまた、「小欲」の楽しさだと思って欲しい。(5章　友人や家族――「この人のためなら」と思える人を心に持とう)

⑥**最後にあげたいのが、「人生のことは〝一炊《いっすい》の夢〟と悟る」**ことだ。
これは六つの「心得」の中で一番勇気がいると思う。

極端な言い方をすれば、この決心さえ持てるなら他の五つの決心も持てるはずだ。前半の人生で積み上げてきたすべてのものを、簡単に諦めることができるはずだ。

死ぬときはひとりだという。

理屈としてそんなことはわかっている。後半生のゴールに待っているのは死だ。でも、死は楽しく生きる人生のゴールであって、生の最後の姿に過ぎない。

ぼくらの世代にとって死はまだ理不尽な世界だが、これから時間をかけて少しずつ納得すればいいことだ。

それよりむしろ、後半生の根本には「一炊の夢」という大らかな諦めが欲しい。自分の人生を悔やんでも楽しんでも、死ぬときはひとりなのだ。こればっかりは個人的な体験になる。

そのとき、いい人生だったなと思えるなら幸せなはずだ。誰もわかってくれなくても、自分ひとりが自分の楽しい人生を納得できるなら、こんな幸せなことはない。

後半生というのは、そんな幸せに行くつくための人生ではないのか。

だから悩んではいけない。これからの人生に、どんな場面が訪れようが悩んではいけない。悩んだところでなるようにしかならない。それはいままでの人生でもたっぷりと学んできたことだ。

「一炊の夢」とは、人生は気が遠くなるほど長いようで過ぎればひとときの夢に収まるという意味だった。

これまでの人生もそうで、悩んで苦しんで夜明けがなかなか来なかった日もある。有頂天になって夢なら醒めるなと叫んだときもある。

そのときはどんなに自分の心を占めたことでも、いま思い出せば「一炊の夢」だ。あんなこともあったなと一コマのシーンで終わってしまう。

後半生といえども、同じなはずだ。

人生は軽くて儚《はかな》い。このことは認めるしかないのではないか。(6章 人生のことは「一炊の夢」と悟ろう)

それを認めたうえで、だからこそこれからの人生を力強く楽しむ「心得」が要るはずだと思ったのが、この本を書くぼくの気持ちになる。

人生のことは確かに「一炊の夢」だ。その、ほんのまどろむばかりの時間を、笑みを浮かべてわが人生を振り返る男でありたいからだ。

先日、リストラされたばかりの知人から葉書が届いた。自分で撮った写真を裏面一杯にペタリと貼りつけてあった。ポルトガルの、どこかの村から撮ったという大西洋の写真だった。

水平線に夕日が沈むにはまだ少し時間がある。それなのに、葉書には短く、「いい夕日だった」と書いてあった。「これが見たかったんです」と。

どうやら嬉しくて呆然《ぼうぜん》と夕日を眺めていたらしい。後半生は、彼のような生き方でいいのではないか。

「一炊の夢」を抱いて眠るのも自分だけ。人生はそもそも、自分だけのものなのだから。どう転んでも最後はそこに行き着くしかないのだから。

弘兼憲史

もくじ

はじめに　後半生を力強く楽しむ「六つの心得」

1章　これからは「小欲」で生きよう

2章 「過去のことはもういいじゃないか」と決めよう

3章 遊びや趣味——楽しいことは本気でやろう

4章 仕事や生きがい――「迷ったら一歩前に」出てしまおう

5章 友人や家族──「この人のためなら」と思える人を心に持とう

6章

人生のことは「一炊の夢」と悟ろう

本文DTP／Sun Fuerza

1章

これからは「小欲」で生きよう

「カネさえあれば」という次元でものを考えない

楽しく生きるために必要な心得の第一に、「小欲」を挙げたい。

「小欲」とは文字通り、欲少なく生きることだ。「小欲」を貫くことは気分爽快に生きるための、ある意味で万能薬となる。人生の悩みの多くがおカネにまつわることだとしたら、「小欲」はその悩みを癒す効能があるからだ。

それに、思い立ったその日から実行できるところが嬉しい。

ただし、仕事や家族や老後といった現実を忘れることはできないし、そこから逃れることもできないのだから、カネはどこまでもつきまとう。

食うためのカネ、家族が楽しく健康に暮らせるだけのカネ、男がフラリと好きな場所に出かけるだけのカネ、そういうカネはないよりあったほうがいい。というより、なければ困る。

「咳《せき》をしても一人」

という句を残した俳人・尾崎放哉《おざきほうさい》は、東大法学部卒のエリートだったから大企業に就職してたちまち出世した。

けれども放哉は自由を求めて会社を捨て、孤独を求めて妻を捨てた。それによって放哉は漂泊の人生を手に入れたが、現実には食うや食わずの生活だった。

結核に栄養失調がたたってガリガリに痩せ、孤独のままに四一歳で死んだ。

カネも食べ物もない生活を受け入れる気になれば、人間は一切のものを捨ててしまって放哉のような漂泊の人生を送ることができる。

でも、そういう人生はかなり恐ろしい。放哉に憧れる男は大勢いるが、誰も放哉のように生きられないのは、カネも住処《すみか》も食べ物もない暮らしが恐ろしいからだ。仕事を辞めて家族を捨てればいいだけなのだから、実行はたやすい。ただし、憧れと実行の間には超せそうもない暗渠《あんきょ》がある。

晩年の放哉は、

「すき焼きで一杯やって死にたい」

と願った。ぼくから見れば「小欲」だが、物乞いで生きる放哉にとっては自力では叶えられない夢だ。

けれども、放哉の生き方を考えたとき、人間というのはすべて捨ててしまえば「小欲」を無上の楽しみとして生きることができるんだなあとわかってくる。

自分がどこまで無欲になれるかで、何気ない日々の営みに無数の楽しみを見出せるかどうかが決まってくる。

ぼくらは放哉のように生きることはできないが、せめてどんな現実の中にも諦めや無念や不快さではなく、楽しさを見出せる男でありたい。

不遇なら不遇で、それに埋もれてくすぶるような男ではなく、カラカラと笑って身の回りを楽しめる男でありたい。

そのときまず大切なのは、「カネさえあれば」という次元でものごとを考えないということだろう。「カネさえあれば」と考えるとき、自分が向き合う現実は色褪せたものになる。カネがないのだから、さまざまなことを我慢するしかないとはわかっていても、弾んでくる気持ちにはとてもなれない。

カネがなくても味わえる楽しみは無数にある

　ではカネがあれば、何が可能になるのか。

　答えはさまざまだと思うが、ひと言で言うならこうなるはずだ。

「いまよりもうちょっとまともな暮らしができる」

　家、車、食事、スーツ、小遣い、酒場、旅行……とにかく暮らしの中のさまざまなシーンがいまよりもう少し贅沢になる。それはそれで嬉しいことだ。

　ではいまの暮らしがみすぼらしくて我慢できないのだろうか。そんなことはないはずで、住処もなく飯も食えないサラリーマンはいない。

　それぞれの世代が、家族や収入に合わせてそれぞれのスタイルで暮らしているはずだ。不満はあっても「こんなもんだろう」という気持ちがどこかにある。

　すると後は、何を楽しみに生きるかという問題になってくる。

それに答えるためには、自分自身の気持ちを家族や世間から切り離して真っ直ぐに見つめるしかないはずだ。

「楽しみといっても、家族のためにはまだやらなければいけないことがある」とか、「不景気でいつリストラされるかわからないのだから、楽しみどころではない」といった答えは、少しも正直ではない。

本音の本音を口にするならば、「わが人生」を取り戻すこと。それに尽きるのではないか。これからの楽しみは会社や家庭なんかじゃなくて、久しく思い描くことのなかった「わが人生」の中にある。

放哉は一〇年余りのサラリーマン生活の後、「わが人生」を歩き出した。最初に断ったように、ぼくらには放哉の真似などできないし、する必要もない。

しかしこれ以上、着膨れる人生とはおさらばしてもいい。身の回りには暮らすに十分なものが揃っているのだから、これ以上のものはもういらない。

「カネがあれば」と嘆くより、とりあえずいま手元にあるカネで自分の楽しみを味わうのが「わが人生」ではないか。

さらに言えば、カネがなくてできる楽しみを味わう生き方だってある。夕日を眺めるのが無上の楽しみという男がいた。夕日に輝くのは彼の顔ばかりではない。心も明るい光彩を発している。

放哉は無一文・無一物で、食べ物を乞いながら生きた。何も持たないのだから、恵んでもらったものは、「入れ物がない両手で受ける」しかなかった。

ひとつの極限として、そういう生き方を選んだ男がいたということを、ぼくらは覚えておいていい。

それに比べれば「わが人生」には、こざっぱりとした姿で楽しめる無数の小欲が残されているからだ。

「いまよりもっといい暮らしを」という幻想を捨てる

一〇代の頃は、漠然とした中に「わが人生」が広がっていた。将来にはっきりしたイメージは浮かばなくても、好きなことに熱中できる毎日がそのまま「わが人生」だった。

社会に出ると仕事が大きな比重を占めてくる。結婚して家族ができれば家庭の比重も大きくなる。「わが人生」は具体的で現実的なものになり、その中に目標が生まれてくる。

それを「楽しみ」と言ってよいのかどうかはわからないが、ほとんどの男は仕事や家庭の中に自分の理想を描いてみる。これが三〇代から四〇代にかけての男ではないだろうか。

具体的で現実的な目標というのは、わかりやすく言えば「もっとよい暮らし」

のことだ。

よい会社に勤め、出世して給料が上がればもっとよい暮らしができる。ローンで家を買い、子供を塾に行かせて有名校に入学させる。夏休みには家族で海外に出かけ、豪華なホテルで美味しい食事を楽しむ。

そういう暮らしを目標にし、堅実に財産を増やしていく。経済が右肩上がりの時代には、個人差はあっても日本のサラリーマンがだんだん豊かになったのは本当のことだ。

けれどもそこに「わが人生」があったかどうか。五〇代を迎える頃に、たいていの男はそんな疑問を持つのではないだろうか。

確かに形となって残ったものはある。

形はなくても自信やプライドとなって備わったものもある。

しかし、「わが人生」とはそういうもので満ち足りてしまう人生なのだろうか。

別にGDPを押し上げるために働いてきたのではない。自分をひとりの男として見つめ直せば、家なんか広すぎるし、子供がどんな学校に入ろうが関係ない。「わが人生」を会社や家庭とぴったり重ね合わせて納得する男はいないはずだ。

三〇代から四〇代にかけての人生というのは、しっかりした土台を作るのに費やした人生と言えるかもしれない。組織の中にあってはしっかりした自分のポストやポジション。上司や部下との関係。家庭の中にあっては家そのものや落ち着いた家族の関係。そういう土台や人間関係を作ることが、これからの人生のためには必要だと思い込んでいた。

ところが盤石に構えたつもりの土台に何ひとつ築けるものがなかった。肝心の「わが人生」は、どうやらそんな土台とは無関係なところにあるらしいと気がついてしまった。

それが、四〇代から五〇代にかけての男たちではないだろうか。

過去にしがみつくだけの男にはなるな

ぼくはそのことを不幸とか淋しいことだとは思わない。

「わが人生」の空疎さに気づかないほうが不幸であって、かつてのサラリーマンには定年後も「〇〇会社の社長でした」と職歴をひけらかすしか能のない男が大勢いた。

同世代の男に対して、どんな会社のどんなポストまで上り詰めたかを評価のものさしにする男たちというのは、すでに死んだも同然の男たちではなかったか。

ヨーロッパ・ツアーに参加した男の話である。ツアーの中に七〇になる男性がいた。この人はことあるごとに自分が何々会社の重役であったことをほのめかし、周りの男性（全員リタイア組だが）の元いた会社名や職歴を聞きたがっていたそうだ。ツアーの鼻つまみ者となっていることに、当人は気がつかなかったらしい。

こういうのは、いまや化石の部類だろう。いまのサラリーマンは違う。定年まで勤めることが前提ではなくなったのだから、四〇代、五〇代の若さで人生の仕切り直しを余儀なくされている。

そこに、「わが人生」を取り戻すチャンスがあるはずだ。空疎さに気がつくということは、むしろ幸せなことだと思いたい。

会社も家庭も「わが人生」ではないとすれば、たちまち気が楽になる。職場での評価に人生を重ね合わせたから辛かったのだ。評価が下がれば人生も下り坂だと思い込んでいた。気にすることなんかなかったのだ。

あるいは家族への義務感に縛られたから辛かった。豊かな暮らしや安定した暮らしを守るのが自分の役割と思い込んできた。先の見えない不況の時代にあって、重苦しい役割だったが、これも気にしなくていい。

では、「わが人生」をどこに見出すか。

下り坂だろうが収入が減ろうが、少しも動じることのない世界だ。明日は明日の風が吹くの世界だ。さらに言えば「小欲」の世界だ。

息苦しい土台作りの人生とはおさらばして、小欲をフワフワと楽しめる人が、結局は「わが人生」を楽しみ尽くすことになる。そろそろそういう時期、「小欲」の時代ではないだろうか。

楽しみはいつも、安くて旨い世界にある

いわゆるビジネス街や官庁街というのは、その周辺にサラリーマンが自腹で飲み食いできる安くて旨い店が控えている。

東京で言えば丸の内や霞が関、あるいは西新宿、ひと足伸ばせば焼き鳥や焼き魚の煙がモウモウと立ち込めるような一角がちゃんと待ち構えている。

学生時代の思い出になるが、銀座のデパートに就職の決まった男がいた。彼の心配は飲み食いで、「昼飯代も高くつくな」というものだった。

ところが働き出してひと月もすると、そんな心配は無用のものだとわかった。裏通りに、路地に、あるいは地下に、気楽で安直な店がいくらでも待ち構えていたからだ。

「当たり前だよな。でなきゃサラリーマンが困るもの」

彼が通い詰めた店はランチタイムの定食に脂の乗ったサバを焼いてくれたり、夜は千円札一枚で安心して飲めるような小さな居酒屋だった。三〇年も前の話だから……。

昼飯でも仕事が終わった後の一杯でも、サラリーマンが目指すのは気楽な店だ。安くて旨い店。この二つが外せない条件になる。

自腹を切って飲み食いするのだから当然だと言われるかもしれないが、じつはそのことに、これからの人生を考えたときに大きなヒントが隠されているような気がする。

酒に限らず、すべてに自腹を切って生きようと思えば、ぼくらは「小欲」にたくさんの楽しみを見出すことができるからだ。

安くて旨い店には、不満の持ちようがない。少しぐらい汚れていようが、狭くて混雑していようが、そんなことを気にする客はいない。

「ここはそういう店。不満なら高いカネを払ってよそで飲めばいい」という納得が誰の気持ちにもあるからだ。

自腹を切って生きるというのは、少なくともカネに関しては背伸びしない生き方になる。そのときそのときで、あるもので楽しんでいこうとする生き方になる。なければないで、サバサバとした気分を忘れない生き方になる。すごく健全ではないだろうか。

どんなに取り澄ました街にも、探せば安くて旨い店が必ずあるということは、「小欲」こそ本当の楽しさに出合わせてくれるということだ。

表通りにある瀟洒《しょうしゃ》な看板のレストランなら、値段に見合った料理を出してくれる。そんなことは入る前からわかっている。

初めての街で、自分の嗅覚だけを頼りに裏通りからさらに小路に足を踏み入れる。そうして出合った一軒の店で、思わず笑顔がこぼれるような昼飯にありつけたときには、誰だって幸せな気分になるだろう。

その一部始終が楽しさではないだろうか。財布の中身の問題ではないような気がする。

だからまず、これからはカネのなさなど気にしないでいい。人生の醍醐味は、たとえば安くて旨い店と出合うことだ。そこに「わが人生」の楽しみを求めていいはずだ。

欲が多いうちは、この楽しみに出合えない。背伸びしてグルメを気取る若造より、自腹を切って飲み続けた五〇歳のサラリーマンのほうが、旨い店をたくさん知っているのは本当のことだ。

流れに逆らうのを、やめてみる

ぼくらはそろそろ下り坂にいる。

といってもガッカリすることはない。下り坂というのは、ここから先、歯を食い縛って上り詰めなければならない坂道はないんだということだ。肩の力を抜いていいということである。

目の前にあるのはゆるゆると下っていく眺めのいい道で、疲れたら寝転んでもいいし、道端に座り込んで周りの風景を飽きるまで眺めてもいい。

下り坂なんて嫌だなと思う人は、たぶん上り詰めるのが人生だと信じてきた人だ。といってもチョット前まではみんなそう信じてきたのだが。

かつて、信州の田舎道をドライブしたことがあった。ロケハンのような仕事も兼ねていたが、天気はいいし行き交う車も少ないからのんびりした気分だった。

すると道端に老人が腰を下ろして休んでいる。荷物もないし、ちょっと散歩に出てきたという感じだった。

ぼくは車を止め、老人に挨拶して「何をしているんですか」と尋ねてみた。近くの集落の人だろうから、もし気分でも悪いのなら送ってあげてもいい。

すると老人は、「柿の木」と言った。モソモソとした言い方でよく聞き取れなかったので、もう一度聞き直すと困ったような顔になり、それから遠くを指差した。

道路の向こう側にゆったりとした丘があり、その中程にポツンと一軒の家が建っている。家といっても廃屋同然で、遠目にも人が住んでいないことはわかる。その朽ち果てた家の庭先に、赤い実をたくさんつけた一本の柿の木があった。老人はどうやら、その柿の木を眺めていたらしい。

あたりの風景は冬の気配だったが、風もなくて陽射しも暖かい。柿の木の周りがとくに暖かそうで、そこだけポカポカとした陽だまりができているようにも見えた。

「陽当たりが良くて暖かそうな家ですね」

そう声をかけると、老人は嬉しそうにぼくを見て頷いてくれた。

「眺めも良い」

ポツンとそんなことを言って、それからまた柿の木のほうに目を移した。穏やかで満足そうな笑顔だった。ぼくは何と挨拶したのか忘れたが、とにかく老人と別れて車に乗り込んだ。

おそらく丘にあった廃屋は老人の生まれ育った家だろう。柿の木は老人が植え、ある時期には、その実を家族みんなで食べたのだろう。老人は毎年、柿の木に実がなる頃にはああして眺めているのだろう。

それ以上のことはぼくにはわからないが、静かな人生だなと思った。

何かの理由があって生家を離れ、足腰も弱くなって思い出の込められた柿の木に近づくことはできないが、遠くから眺めることはできる。ただ眺めているだけで、老人は満足している。

実際にはどんな思いで眺めていたのかわからないが、少なくともぼくには、穏やかな老人の横顔から淋しさのようなものは感じなかった。むしろ、たわわに実のついた柿の木と、朽ち果てた生家を眺められる自分に、幸福感さえ抱いているように思えたのだ。

ちょっとシンミリした話になってしまったが、下り坂をフワフワ楽しむ極意はあの老人の姿に隠されているような気がする。

いまの自分に何のこだわりも持たずに、手の届くところにある楽しさをゆったりと味わい尽くせばいいのだ。

上り坂の人生は確かに勢いがある。いまいる場所にしがみつこうとする人生は必死の構えになる。

でも、どちらも油断すればたちまちずり落ちてしまう。そこであがいたり、歯を食い縛ったりしたところで、ずり落ちるときはずり落ちる。

だからもう、逆らわなくてもいいのではないか。

「わが人生」と会社や家庭は無関係だった。大いに関係があると思っていたから、必死で坂を上ってきたが、無関係とわかれば下り坂を楽しむ人生が待ち構えている。気楽に暢気《のんき》に生きていけばいいのだ。

ただしそのときに、ある心構えが必要になってくる。下り坂なのだから、モノやカネに執着しても始まらない。これからは、むしろ失うことや捨てることのほうが多い人生になる。そうやってどんどん身軽になっていくのが下り坂の醍醐味なのだ。

後はただ、手の届くところにある楽しさに気づけばいい。「小欲」とは、そんな毎日を過ごすための基本姿勢ではないだろうか。人生の下り坂と「小欲」は相性がいいのだ。

恨み節より、カラカラ笑える生き方を選ぶ

年の瀬を控えた頃にリストラの憂き目に遭った男がいる。三〇年勤めてそこそこの地位にあった。大きな会社ではないが、景気のよかった時代もある。勤めてもどうせあと数年のつもりでいたから、男はサバサバした気持ちだった。

ただし家族のことを考えると気が重い。都内にまずまずの家を建て、定年と同時にローンも終わる予定だった。二人の子供がいて、どちらも大学生で自宅から通学している。

「あと少しだったが、まあ、仕方ないな」

とにかく今晩は真っ直ぐ帰って妻にありのままのことを告げよう。すべてはそれからだ。

仲の良かった同僚の誘いも断って、男はさっさと会社を出て自宅に向かった。

自分が住む町の商店街を、まだ買い物客が大勢いる時間に歩くのは久しぶりだった。歳末大売り出しの幟《のぼり》がどの店にも立っている。男は豆腐屋で足を止め、豆腐を一丁買った。昔ながらの豆腐屋で、ズシリと重い豆腐を包丁で切ってビニールの袋に入れてくれる。

その袋をぶら下げて歩きながら、男は不思議な気持ちになったそうだ。

「おれは何だって豆腐なんか買ったんだろう」

早い帰宅で、食事の用意もできていないかもしれない。子供たちも冬休みで、毎晩帰りが遅い。だから湯豆腐でもと思ったのだろう。

男はそんなことを考え、「そうだ、湯豆腐が食べたかったんだ」と気がついた。リストラされた夜に、湯豆腐で一杯飲む。これからどうなるかわからないが、ともかく新しい人生が始まるのだと思えば、湯豆腐のシンプルさがいかにも似つかわしいような気がした。

家に帰るとやはり妻は驚いた。それから男が買ってきた豆腐を見て、「あ、湯豆腐にしよう」と笑顔を浮かべた。

「リストラの件は湯豆腐を突っつきながら話せばいいか」

男はそう考えて、久しぶりにわが家の晩酌を楽しむ気分になった。居間のコタツにグツグツと煮え立った湯豆腐の土鍋が置かれる。

熱燗《あつかん》の徳利が置かれる。男は嬉しくなってしまった。

すると、差し向かいで座った妻が突然、「何かあったの？」と聞いてきた。

「リストラされたんだ」

グビリと杯を傾けて、男は答えた。笑顔は似つかわしくないなと思いつつ、熱々の湯豆腐を口に含むとつい笑顔が浮かんでしまう。つられて妻が笑った。

「昔、よくこうやって湯豆腐を食べたわね」

そう言えばそうだった。ひとり目の子供が歩き始めた頃、会社の業績が悪くなってボーナスの出ない年があった。アパートの一室で毎晩、湯豆腐を食べた。子供も湯豆腐が大好きだった。

あの頃はあの頃で、十分、幸せだったのだ。いまだって同じだ。リストラされたのは不本意だが、会社を恨んでみても始まらない。目の前には湯豆腐と酒がある。それをしみじみ旨いと思う自分がいる。

とりあえずそれで十分ではないか。そう考えると、男は気楽な気持ちになってきた。

「湯豆腐の出番が増えそうだね」

妻がそう言ってくれたとき、男は朗らかに笑ったそうだ。

〝恨み節よりカラカラ笑える生き方〟

「小欲」の楽しみとは、そういう明るい生き方を言うのだろう。そこには、人生の失敗も悔恨も存在しない。まさしく「小欲知足」の知恵である。

人生は「仮の宿」、楽しむことが生きる目的

「小欲」の楽しみに一番無用なのは家や資産になる。

カネというのは最低限度必要だし、なければ困るが、家や資産はなくても困らないからだ。

もちろん住む家がなければ困るし、土地や株は売ればカネになるのだから、あって困るということはない。

けれども、家にしろ土地にしろ、持ち歩けるものではないのだから、自分のものだと言い張ったところで腹の足しにもならない。

家や資産に執着する理由はただひとつ、自己満足だろう。稼いだ金を形のあるものに替えて世間に見せびらかし、「おれもこれだけのものを残したのか」と自己満足したいだけだ。カネは世間に見せびらかせない。

世界の大富豪の中には、豪勢な自宅も別荘も持たずに、ホテル住まいを続ける人物が大勢いる。アメリカ人でも本当の金持ちは別荘なんか持たないという話を聞いたことがある。

季節に応じて過ごしやすいリゾート地の高級ホテルに滞在すればいいのだから、バッグひとつでどこでも暮らせる。

世界一周航海を続ける豪華客船の特等室で、乗りっぱなしの晩年を過ごしたという大金持ちの未亡人の話も何かで読んだ記憶がある。本物の金持ちは家や資産などには執着しないものらしい。

「いずれにしろこっちには縁のない話だ」と腹を立てる人がいるかもしれないが、じつはそうでもないのだ。

「大欲は無欲に似たり」

という言葉がある。

人生そのものを「仮の宿」と考えてしまえば、家や土地には執着しないという一点で、ぼくらは誰でも大富豪と同じ境地に立てるのである。

人生そのものが「仮の宿」というのは、淋しくて虚無的な考え方だろうか。ぼくはむしろ逆で、明るくて肯定的な考え方だと思う。

なぜなら「仮の宿」なら、精一杯楽しむことだけが生きる目的になってくるからだ。「仮の宿」に文句を言っても始まらない。そこで気持ちよく生きることが何より大事なのであって、入れ物にこだわっているヒマがあったら、大富豪の気分でフラリと旅にでも出たほうがいい。

だからあなたがいま、自分の家やローンを重荷に感じることがあるなら、「どうせ仮の宿なんだ」と気楽に考え直してみよう。

得たものを失うと思えば、敗北感に包まれるかもしれないが、人生そのものが「仮の宿」ならどこに住んでも「仮住まい」に過ぎない。得たものを失うのではなく、そのつど分相応の住まいがあれば陽気にやっていけるはずなのだ。

大部分の人は家や土地を資産と考えるし、資産だから残さなければいけないと考える。人生は「仮の宿」なんかじゃなくて、堅牢な宿かお城でなければならないと考える。

堅牢な宿は主が死んでも残るが、そうだとすれば、ひとりの男が生きた証しは残された家と土地だけになってしまう。かえって物悲しいと思わないだろうか。「小欲」に楽しみを見出すということは、「仮の宿」に過ぎない人生に本物の楽しさを求めるということだ。

「仮の宿」だからこそ、せめてそこにあるうちは、わが人生を味わい尽くすということだ。家や資産なんかに心縛られて生きるのは、本物の楽しさから目を逸らす生き方ではないだろうか。

持ち家にこだわらない生き方もある

日本人はもともと家に執着なんかしなかった。持てる人は持ったが、持てない人は無理に求めようとはしなかった。

収入に合わせた家賃の家に住めばいいのだから、豪壮な屋敷を借りたかと思えば、翌年には狭い長屋に移り住むという例がいくらでもあった。

こういう傾向は、昭和に入ってもごく当たり前のように続いていたらしい。日本人が家や土地にこれほど執着するようになったのは、たぶん昭和三〇年代の高度成長期からだと思う。

都会に出て一所懸命に働いて貯金をし、立派な家を建てる。土地の値段はどんどん上がっていったから、苦労しても家を持てば資産が増えることになる。一家の主として、資産を残すことは自分自身にも家族のためにも大事なことだという考え方がごく普通になってしまった。

ぼくは他人の生き方をとやかく言うつもりはない。どんな人生でも、その人がそれで納得しているならいい。資産を作ったことで「わが人生に悔いなし」というのならそれでいいと思っている。

ただ、こういう世の中になってしまうと、資産を失うこともまた人生の選択に含まれてくる。

「それだけは嫌だ」とか、「いままでの苦労が水の泡になってしまう」といった気持ちで必死に抵抗するかもしれないが、どうあがいてもなるようにしかならない場合だってあるはずだ。

そういうとき、資産に執着しない生き方をあっさりと受け入れられるかどうかで、人生は楽しくもなるし、辛くもなるのではないか。

倒産でローンが払えず、家を手放した二人の男がいる。

ひとりは、ちょっとだけでも一戸建ての主になったのだから、それでよしとしている。重い荷物が消えてサバサバした気分だという。他方は、これを人生の敗北と考えてうつ病になってしまった。

家や土地に執着すればするほど、汲々として生き、かつ失ったときの落胆も大きくなる。その時点で、自分の人生を敗残の人生と思い込んでしまうだろう。

「小欲」は精神の健康にいいと前に書いた。欲を少なくすれば、モノにまつわるたいていの悩みが解決してしまうからだ。

執着さえ捨ててしまえば、人生はさっぱりしたものになる。どんな家に住んでいても、飯を食って寝るスペースに大きな違いはないのだから、家族が何人いようが人数分だけの布団を敷けるスペースがあれば暮らせることになる。

家や土地に執着しなくても、基本的な暮らしは何ひとつ変わらないはずなのだ。

「終の住処」は人それぞれでいい

別の男の例を見よう。割と大きな家に住み、傍目にも順調そうな男だった。ところが妻が「狭いアパートに住みたい」と言い出した。ローンもまだ残っているのにこれ以上、家賃の負担が増えるなんてバカバカしい。家を手放す気持ちのない男はそう考えた。

ところが妻は「もういいんじゃない」と言う。「この家には一〇年も暮らしたんだし、子供たちも大きくなったから自分のことは自分でやるでしょう」

男は妻の言っていることがさっぱりわからなかった。

中学生と高校生の子供がいるが、それぞれ自分の部屋を持っている。来客用の部屋もあるし、広いリビングもある。門の横にはガレージだってついている。

以前は商店街に近い狭いアパートを借りていたが、子供が育ってきて家具や荷物も増え、もっと広い家に住みたいと言うから、無理して郊外に庭付きの一戸建てを買ったのではなかったか。

男はまだ四〇代後半のサラリーマンだ。会社の業績は厳しいが、いまのところリストラの話も出ていない。課長という年齢相応のポストにあって、仕事はかなり忙しい。つまりごく普通のサラリーマンだ。

そういうサラリーマンにとって、庭付きのマイホームはひそかな自慢でもあった。子供たちもしばらくは家にいるのだから、手放す理由は何もなかったのだ。

「でもアパート住まいも悪くないわよ」

妻はさらりと言ってのける。

「好きな町に住めるんだし、私は掃除や買い物が楽になるもの。それにパートの仕事も見つかりやすいし」

妻の言うことがわからないでもないが、どういう理由があるにせよ、せっかく手に入れたマイホームを手放す気にはなれない。なぜなら、いま手放したらもう死ぬまで自分の家なんか持てないからだ。三〇代の働き盛りだったからローンも組めたし、ここまでがんばれた。あと一〇年の辛抱じゃないか。

ところが妻はこんなことまで言い出した。

「いずれ子供たちも家を出るんだから、私たちがいま出たっておかしくないと思うんだけど」

つまり男の妻は、家を「仮の宿」としか考えていなかった。男はローンで購入した時点で、「終《つい》の住処《すみか》」と決めていた。この差が大きな食い違いになっている。根本で噛み合うはずがないのだ。

ぼくはこのエピソードを知人の経験談として聞かされた。そのとき知人は、「女はとんでもないことを考えるんですね」と苦笑いしていたが、じつはすごく気楽な気持ちになったのだそうだ。

なぜなら家族は誰も家になんか執着していない。このままいけば最初に死ぬのは自分だろうが、妻の口ぶりでは、そのときはさっさと売り飛ばして街中の小さなアパートにでも移り住むのだろう。

そうだとすれば、いまのところ週末にゴロゴロ過ごすだけの家に高いローンを払い続けるのはバカみたいだ。定年まで勤めたとしても、この家では近所に訪ねる友人もいないし、住宅街だから散歩をしてもつまらない。

だから確かに妻の言うように、通勤にも便利で気の利いた居酒屋でもある街に住んだほうが、伸び伸びと暮らせそうな気がする。思い切って海の見える町に移ってしまってもいい。

ボーナスだって自由に使えるんだし、街中の暮らしなら車も要らない。狭いアパート住まいも賑やかで悪くない。静かな時間が欲しくなったら、コーヒーの美味しい店で本でも読んで過ごせばいいのだから。

そうやって考えているうちに、ふと独身時代を思い出してしまった。六畳一間のアパートを狭いと感じたことなど一度もなかったし、休日の夕方は雑多な店が立ち並ぶ一角を歩いて、食べたいおかずを買い求めるだけで楽しかった。

「ああいう暮らしもいいな」

彼はつくづく思ったという。そういえば、ときどき顔を出した居酒屋には生業が何なのかわからない老人が、のどかな顔でビールを飲んでいたものだった。

人にはいろいろな暮らしが似合う。男にも女にもそれぞれの生き方があっていいし、自分が気楽に暮らせるスタイルを選んでいいはずだ。

家や土地というのは、揺るがないものだからこそ資産（不動産）となるのだろうが、そのことで住む人間の人生が固定されるわけではない。

なぜなら生活はどんどん変わっていくし家族も変わっていく。収入も変化するし人数も増えたり減ったりする。ライフスタイルが変わっていくのに、揺るがない家や土地にこだわり、そこに無理やり自分をつなぎ止めるのは不自然だと思う。

「おれは家やモノを持って生き方が硬くなったんだな」

知人はそう納得したそうだ。家など暮らしの一部分に過ぎない。「小欲」に楽しみを見出せる暮らしなら、家もまた暮らしやすさがあれば十分ではないだろうか。

満ち足りて暮らすために必要なもの

紅葉の頃になると、毎年決まった温泉宿に出かける男がいる。いま流行りの秘湯でもなければ贅を尽くした宿でもない。

周囲には民家がポツンポツンとあって、なだらかな山がすぐ背後まで迫っている。言ってみれば何の変哲もない山里だが、集落の人たちの暮らしぶりだとか、生活の匂いもどこか身近に感じられて彼は気に入っていた。山の紅葉もきれいだったし、湯も温《ぬる》めで好みに合っていた。

彼はその宿でいつも三日ほど過ごしたが、昼は腹ごなしに周辺を歩き回っていた。宿の半纏《はんてん》を着ているから、行き合う村の人も丁寧に挨拶してくれる。

あるとき、大きな荷物を背負った男に会った。布袋やビニール袋や、とにかく大きな袋なら何でもいいとばかりに三、四個集めて括りつけ、ひとまとめにしてロープで背負っている。それが身体と同じくらいの大きさだから、見ているといまにも崩れそうでバランスが悪い。

かといってそれほど重そうな様子はなかった。いったい何を運んでいるんだろうと思ったが、男はニコッと笑いかけただけですれ違ってしまった。

翌日も、その男に会った。今度は前を歩いていた。昨日と同じで大きな荷物を背負っているから、後ろ姿は尻から下しか見えない。足取りはしっかりしているから、まだ六〇代ぐらいだろうと思った。

追いついて、「何を運んでいるんですか」と聞いてみた。

日焼けした顔から白い歯を覗かせて、男は「杉っぱだ」と答えた。尋ねた彼は「杉っぱ」が杉の葉のことだというのはわかったが、それをなぜこんなにたくさん、しかも毎日運んでいるのかわからなかった。

「いろんな人に配っているから」

男はそう答えた。

「年寄りのひとり暮らしも多いから、冬が来る前に杉っぱを運んでやらないと」

温泉宿で過ごすのも今晩だけだから、彼はあれこれ尋ねてみた。杉っぱを運んでいた男は面倒がらずに答えてくれた。

集落の老人の中には、冬の暖を取るには薪のストーブでなければという人が何人かいる。決まってひとり暮らしか夫婦だけの暮らしだ。孫も同居しているような家では、息子夫婦がさっさと家を改築して暖房も最新の設備に替えてしまった。

「でも、おれもやっぱりストーブが手放せないんだ」

いろいろ聞いてみると、男は二年前に定年で会社を辞めたのだそうだ。家は村から車で三〇分ほどの町にあるが、そこにはいま妻と長男夫婦が住んでいる。べつに折り合いが悪くて別居しているわけではなくて、男はただ、村にある古い生家の修理も兼ねてときおり帰ってくるのだそうだ。

来ればあれこれと用事が生まれる。いまの時期なら、冬に備えてストーブの焚きつけにする杉っぱを集めることなのだそうだ。

「ここらは杉の木が少ないから、村外れの山まで行って集めてくるんだ」

紅葉がきれいなのは杉の木が少ないからだった。その枯れ枝を袋に詰めて、老人世帯に持って行ってやる。あと一日で終わるなと男は笑ったそうだ。

それを聞いて彼は、「何だかおとぎ噺《ばなし》みたいだな」と思ったそうだ。いまどきこんなのどかな人生もあるのか、と。

二人であれこれ話しながら歩いているうちに、村の男が「お茶でも飲んでいけ」と言って自分の家に案内したそうだ。木造のいかにも古びた家だが荒れた感じは少しもない。きちんと手入れしたからだろう。

その家で、彼は男がストーブに杉っぱを放り込んで薪を燃やすのを眺めていた。「お湯が沸くまで時間がかかるな」と思ったが、どうせヒマなのだ。二人して、しばらくの間、話し込んだという。

彼は結局、二時間ほど男と過ごして、熱いお茶を何杯もご馳走になって宿に帰ったそうだ。その晩、つくづく考えたという。

「おれがあの男のように満ち足りて暮らすには、何があればいいんだろう？」

村の男は、これがあれば冬は何にも要らないと言って、パチパチと薪のはぜる音がするストーブを指差した。「酒は？」と彼が混ぜ返すと、「その二つだな」と答え、二人で声を揃えて笑った。

「おれは何があればいいんだろう？」

男はそのことをこれからはしばらく、自分に問いかけてみようと考えたそうだ。

生きざまの清々しさが、五〇代からの人間的魅力になる

どんな家に住んでいようが、どんな車を乗り回していようが、暮らしの一部分として愛着を持っているならそれでいい。

たとえば窓の外には眩《まばゆ》い夜景の広がるマンションに住み、高級車でレストランの食事を楽しむような男であっても、それがこの男にぴったりと馴染んだ生活なら何も言うことはない。しかしそこに、高慢な態度が見えてくると胡散《うさん》臭くなる。

「ああ、この男は自分の暮らしに愛着を持っているのでなく、カネや資産を自慢したいだけなんだな」と思ってしまう。

すると何だか、この男の暮らしが哀れで淋しいものに思えてくる。見た目とは裏腹に、貧相なものにさえ思えてくるから不思議だ。

人はそれぞれが自分に合った暮らしを楽しめばいい。

それができる人は、自分の生き方そのものに満足できるはずだから、他人を羨んだり、自分に引け目を感じることもなくなるはずだ。いわば「わが人生」こそ自慢の種なのだから。

けれども、自分の暮らしを楽しめない人は周囲に対して、モノを自慢するしかなくなる。

高層階にあるマンション、外車、身につけるブランドもの、学歴や勤務先もその一種になるだろうし、とにかく何であれ自慢するものが「モノ」しかないというのは、「わが人生」の空疎さを自慢していることと同じではないだろうか。

大欲の落とし穴がそこにある。

以前、俳優の高倉健さんがある対談でこんな意味合いのことを話していた。

「いいものへのこだわりはあるが、それを身の回りに集める生き方はできない」

なぜかと言えば、

「間尺に合わない仕事ばかり選んでしまうから」

と高倉健さんは話していた。

出演料が同じなら、コマーシャルでも何でも数をこなしたほうがカネになる。それなのに、撮影に一年も二年もかかるような映画の仕事ばかり選んでしまう。つまり、自分の仕事や生き方にこだわりを持てば、カネのことはどうしても後回しになってしまう。いいものへのこだわりがあったとしても、それを集めて楽しむような人生にはならない。

高倉健さんの話はすごくわかりやすかったが、同時に何か心地良い響きがあった。生きざまの清々しさとでも言うのだろうか。自慢するものがモノしかない男には、そういう清々しさが欠落しているように思えてくる。小欲を受け入れるというのは、自分の人生を肯定する態度ではないだろうか。

本物の贅沢が問われる時代がやってくる

ぼくはこれからの時代、〝贅沢〟というのは人生の大切なキーワードになってくると思う。自分の人生に、自分だけが味わえる贅沢な時間をどれだけ持てるか、それが「わが人生」の醍醐味ではないかと思っている。

そのとき、カネや資産やモノがなければ贅沢な気分になれないという男は、いつまでたっても何かに追い立てられるような生き方しかできないだろう。失うことをひたすら恐れて、現実を楽しむ気持ちのゆとりなどとても持てない日々になるだろう。

その点で、「小欲」は気楽だ。小気味いいくらい気楽だ。

食うに困らないカネと、暮らしやすい家があればいい。

都会にいながら、ときどき外出のとき鍵をかけるのを忘れる男がいる。「盗まれるものは何もないんだ。何ならこれから成田から飛行機で海外旅行に行こう、と言われたって構わない。何もないというのは気楽なものさ」というのが口癖だ。

部屋にあふれるモノを思いっ切り整理して捨ててしまった男がいる。捨ててわかったことは、空間の広がりがそのまま心の広がりであることだった。モノがないって気持ちいいことなんだ、ということだった。

それはともかく、モノからできるだけ自由になって、身軽に街や野山を歩いてみるぐらいの心の余裕は欲しい。

肉屋の店先で売っている揚げたてのコロッケを頬張ったときの嬉しさ、遊び疲れて帰るときに路地から漂ってくるカレーの匂い、夕焼けの空をのどかに舞っているトンボの姿、ぼくらは皆、ささやかなことで胸いっぱいの幸福感を持てた時代があったのだから、「小欲」を楽しむ気持ちぐらいいつでも取り戻せるはずだ。

そこに、贅沢な気分を見出したい。「わが人生」には、無限の楽しみが埋もれていると思いたい。「小欲」こそ真の贅沢の入り口であるというのは、決して言葉のあやではないはずだ。

2章

「過去のことはもういいじゃないか」と決めよう

これから始まる人生だけを見つめたい

単純な真実がある。悩みの原因は過去にある。昨日のことも過去と思えば、ほとんどの悩みは過去に原因がある。

だから、悩みを払拭しようと思ったら過去からきれいに足を抜いてしまえばいい。

さて、こんな話から始めよう。

子供の頃によく紙芝居を観た。自転車に紙芝居の道具や飴の入った箱を積んで、ちょっと風変わりな格好のおじさんが町内にやってくる。鐘を鳴らしたり太鼓を叩いたりして子供たちを呼び集め、まず飴を売る。「タダ見はだめだよ」と言えば、バツの悪そうな顔をして飴を買う子がいたものだった。

紙芝居はたいてい、いいところで終わってしまう。さあどうなるんだ、と固唾《かたず》を飲んで見ていると、おじさんは威勢良く太鼓を叩いて、「お次は今度の日曜日」とか叫んで行ってしまう。

子供たちは三々五々、グループを作ってそれぞれの家に帰る。どういうわけか、紙芝居が終わるころは夕暮れに近い時間だった。次はどうなるのか、絶体絶命のピンチを主人公はどう切り抜けるのか、ああでもないこうでもないと友達と話しながら帰った。

テレビドラマでも漫画でもそうだが、子供の頃はどうしてあんなに、作り物の世界に夢中になれたのだろうか。

ぼくらの人生というのは、どんなピンチでも必ず乗り越えられるようになっている。ずいぶん楽天的じゃないかと言われそうだが、最悪の結果が出てもそれを受け入れてしまえば、そこから始まる毎日が新しい人生になるからだ。

けれども受け入れない限り、苦しさが続く。現実から目を逸らして過去だけ振り返る人間は、いつまでたっても新しい人生が始まらない。

こんなことはおそらく、誰でも理屈ではわかっていることだろう。わかっていても、いまの自分に不満を持つ人間はつい過去を振り返ってしまう。「こうすれば良かった」とか「あんなことをしなきゃ良かった」と悔いる瞬間は誰にでもある。小さな悔いの積み重ねを、ぼくらはウンザリするほど続けてきている。だからこれも、仕方のないことだと認めよう。

でもこれからの人生に、いままでのパターンを持ち込んだら何も変わらないことになってしまう。生きづらい世の中で、過去ばかり振り返って生きても、現実はますます色褪せるばかりになる。

そんなときには、稚拙な提案かもしれないが、自分の人生を子供のころに見た紙芝居に重ね合わせて欲しい。

紙芝居に比べれば、どうということのない人生を送っている。血湧き肉躍る世界とは無縁の人生を送っている。でも、地味で長い伏線を経て、そろそろ物語は波乱を含み始めていいはずだ。

いままでの自分の人生に、息苦しく自分を重ね合わせるのはそろそろ終わりにしたい。これからどんなことが始まるのか、ありったけの想像力を駆使して自分の人生を思い描いてみたい。そこでどれだけのイメージが持てるかで、人生の楽しさが決まってくるのではないか。過去なんかにこだわっていたら、手垢にまみれたイメージしか浮かんでこない。

過去を振り返るなら、いっそ自分の「愚かさ」を懐かしんでみる

楽しく生きるための単純な指針として、「過去は振り返るな」と書いた。この調子はかなり強い。

誰でもそうだと思うが、思い出には苦い思い出と、楽しい思い出がある。楽しい思い出は懐深くしまい込んでいても、ふとした弾みで昨日のように思い出されて胸が和んでくる。

苦い思い出も同じで、忘れようとしても何かの拍子に思い出してしまうことがある。するとやっぱり、苦い気持ちになってしまう。

だから、「過去は振り返るな」と言っても眦《まなじり》決して明日だけ見つめようという意味ではない。それはそれで、ずいぶんと気の張った生き方になってしまうからだ。

いささかウエットな言い方になるが、人は誰でも自分の中にさまざまな過去を包み込んで生きているのだと思う。

これは仕方のないことで、いいことも悪いことも含めて積み重ねてきた年月というのは、そのままいまの自分を作っている。嫌なことばかりの人生だったとしても、過去は過去として認めるしかないからだ。

ただし、悔いは忘れたい。過去の自分を振り返るときがあったとしても、そこに悔いを持ち込んでしまえば、これからの人生を朗らかに想像することができなくなるからだ。

中学生時代の仲間が数人集まって思い出話に花を咲かせていた。全員が四〇代の男たちだ。話は当然のように中学時代の女子生徒の思い出に移っていった。

その数人の中に、クラスのマドンナと誰もが認める女子生徒と付き合っていた男がいた。確か高校生になってもその付き合いは続いていたはずだ。あれからもう三〇年もたっている。

いったい真相はどうなのか。どこまでの付き合いだったのか。なぜ別れたのか。フッたのかフラれたのか。酔いも手伝って遠慮会釈のない質問が男に浴びせられた。

男は最初こそ惚《とぼ》けていたが、仲間は許そうとしない。すると彼は諦めたのか、ポツリポツリと話し出した。結論から言えば、見事にフラれたらしい。

「それがなあ、彼女には中学のときから好きな男がいたんだよ」

それは誰だと他の男たちは色めき立った。

「そうか。おれが気がつかなかっただけなのか」とおどけてみせた男がいて、するとフラれた男が「うん、おまえなんだよ」とあっさり頷いた。

「彼女はおまえのことが好きだったみたいだ」

よくある話だ。

男たちはそれぞれ結婚して家庭を持っている。三〇年も昔の「真実」がわかったからといって、時間が逆戻りするわけではない。

けれども、ひとしきりその女子生徒の話が続いた後で、男たちはみな甘酸っぱい気持ちになっていたという。

「おまえなんだよ」と打ち明けられた男は、ただ懐かしさに包まれていた。口では「ああ、中学生に戻りたい」と叫んでいるが、じつは別の女子生徒の笑顔を思い浮かべていた。

「真実」を告げた男もやはり、甘酸っぱさの中にいた。ほろ苦い気持ちがなかったと言えばウソになる。好きな女の子の口から自分の友人の名前が出たときには嫉妬したものだった。そのことを友人に告げなかった自分に後ろめたさも残っている。

でももう、遠い昔のことだ。あの頃はあの頃で、精一杯悩んだり悲しんだりしたのだからもういい。

男たちはそれから、以前のようなイタズラ仲間に戻って楽しい数時間を過ごしたという。何かの思い出が蘇るたびに、みんなして笑った。なぜかドジな思い出しか浮かんでこないし、それが次から次に浮かんでくる。恥ずかしい思い出が蘇るたびに、男たちは気分が軽くなるのがわかったそうだ。

過去は誰にとっても恥ずかしい。悔やむ気持ちもあるし、正直に言えばいまだに他人には話せないようなこともある。

でもぼくは、そのとき悩んだのだからもういいじゃないかと思う。嫌な思い出というのはそのつど自分が傷ついたり悔やんだりしてきた思い出だ。

だからそれを振り返るときには、自分の愚かさを丸ごと懐かしむだけでいい。「バカだったな」とひと言、自分を笑えば済むことではないか。そうすることで初めて、過去のことは済んだことになるはずだ。

その日の感情はその日だけのことにしよう

過去のことはもういいとなれば、ひとつ解き放たれるものがある。他人への恨みだ。

わが人生を楽しもう、味わい尽くそうと思ったときに、何より煩わしいのは他人の介入になる。

けれども他人を拒むのは本心ではない。群れない、狎《な》れないという原則さえ忘れなければ、誰とでも気軽に付き合っていけるし、付き合ったことで思いがけない楽しさに巡り合える。

だから楽しい人生は人間関係から自由になった人生だろう。こだわりなく誰とも付き合え、なおかつ甘えや慰めの入り込まない関係を保っていく。これができればば何も言うことはない。懐かしい友にも気軽に会いに行けるだろうし、わざわざ訪ねてくれた友人には素直に心を開くことができる。

過去にこだわるとそういう気楽な人生を歩けなくなってくる。許せない人間や恨みを持つ人間がどんどん増えてくるからだ。ひとりを恨めばその周囲にいる人間も恨んでしまう。組織を恨めば組織にいる人間全部が嫌いになってしまう。恨みというのは生き方をどんどん狭くしていく感情ではないだろうか。


こんな話を聞いたことがある。

物心ついて以来、父親を憎み続けた男がいた。確かにひどい父親で、酔っては家族に当たり散らし、子供には何ひとつやさしい言葉もかけず、勝手放題好き放題に生きたのだという。

男が高校生のときに、ノートに書き溜めていた詩や自分の気持ちを無断で読んだ挙げ句にすべて焼き払ったことさえある。

「父親を許さない」というのが、この男にとっては生きる力になったほど、恨みは大きかった。結婚して家庭を持ったときにも、父親のようにはならないと自分に固く言い聞かせたという。

四〇代になって、男は小さな会社を興し、それが何とか軌道に乗りかけた頃から、ふと自分の生き方に疑問を持つようになったという。といっても間違ったとは思わない。子供たちは素直に育ったし、妻ともうまくいっている。取引先の評判も悪くないし、友人たちにも信頼されている。

ただ、微妙なところで息苦しさを感じるようになったのだ。きっかけは若い社員のひと言だった。

「社長は嫌いなタイプには徹底して冷淡なところがありますね」

入社してまだ二年目の、自分の娘と同じ年齢の女子社員に言われたのだ。無遠慮な言葉といえば無遠慮だが、彼はそのひと言にドキッとしてしまったそうだ。

確かにそういうところがある。人間関係はかなり幅広いが、一度でも嫌な印象を持った相手は自分のほうからバサリと切り捨ててしまうところがある。

その相手が、決して悪い人間ではないとわかっていても、どうしても心を開く気にはなれないのだ。だから大勢の中にそういう人間が混じっていると、自分でも不自然なほど相手を無視してしまう。

「おれは、他人に対して頑なところがあるんだろうか」

そんな気持ちを持ち始めた頃、父親が亡くなった。危篤の報せを受けて遠い実家まで駆けつけたが、間に合わなかった。母親と弟が看取っただけの淋しい死だった。

彼はしかし、報せを受けて実家に着くまで平静な気持ちでいた。

憎み続けた父親が亡くなったとしても、感情など動かされるものかという気持ちがあったのだ。

父親はまだ、自宅の一室に安置されていた。顔には白い布が被せてある。それを外して父親の死に顔を見たときも、彼はほとんど無表情だった。七〇歳は過ぎている。老いて痩せさらばえてはいるが、穏やかな死に顔だった。

そのとき、傍らの母親が言った。

「亡くなる前にひと言だけ言ったよ。〇〇は許してくれるだろうかって」

〇〇は彼の名前だった。母親の言葉を聞いた瞬間、彼はガラガラと崩れてしまったそうだ。倒れるように父親の遺骸にしがみつき、声を上げて泣いたという。

「もっと早く許せばよかった。ひどい父親だったけど、生きているうちにせめて、もういいんだよと声をかけてやるべきだった」

誰かを憎んだり恨んだりする感情は、一時のものとしては仕方がないのかもしれない。しかしその感情にいつまでも固執すれば、本来自由なはずの生き方がどこかで歪められてくることになる。

恨みを忘れないことで何かの力が得られたとしても、やはり息苦しい人生になってしまう。少なくとも、誰かに対して頑なになるということは、楽しい人生とは無縁の態度ではないだろうか。

だから、その日の感情はその日で終わりにしたい。サヨナラと別れたら、今度会うときには気軽にコンニチハでいい。そうすることで、ぼくらは人間関係から自由になっていくはずだ。昨日のサヨナラは、昨日の自分にサヨナラしたのだ。

女性のパワフルさが、五〇代からの男にだってあるはず

女性には更年期障害というものがあるそうだ。最近は男の更年期障害も指摘されている。その年齢は人によってまちまちだが、だいたい四〇代から五〇代にかけて体調が崩れ、精神的にも不安定になってくる。

無気力や情緒不安といったところだが、老いにはまだ程遠い年代だけに心身の不調が辛く、「このまま、淋しいおばあちゃんになるしかないのか」と落ち込むのだそうだ。

ところがドッコイ、そこを通り過ぎると復活してしまう。六〇代の女性たちのパワフルさは、ほとんどの男が呆れつつ認めるしかないだろう。歳と共にしょぼくれていく夫と、逆に元気になっていく妻。このパターンはよくあるが、男にしてみれば悔しい限りではないか。

六〇代の知人に言わせれば、それは更年期障害のおかげではないかという。「つまり彼女たちは、あの時期を乗り越えて生まれ変わっちゃうんだ。五〇歳までの自分とは別の人間になって、また娘時代が戻るんじゃないか」

子供は自立した。人生はまだ長い。やりたいことや行きたい場所もたくさんある。おカネにも時間にも余裕がある。ヒマな友達なら周囲に大勢いる。しょぼくれた亭主なんか放っておいて、「さあみんなで遊びましょ」となるらしい。

では男はどうか。

男だって同じはずなのだ。人生はまだ長いし、やりたいことや行きたい場所もある。妻が元気で勝手に動いているなら、自分も好きにさせてもらえばいい。そうならない男が多いのは、やはり過去を引きずるからではないか。

たとえばサラリーマンには積み重ねてきた地位や実績がある。それがどんどん上り調子のうちはいいが、どこかで頭打ちになってしまう。

定年やリストラのことではなく、気力や体力が下り坂になると以前のように仕事に充実感を持てなくなってくる。はっきり言えば、サラリーマンとしての人生に先が見えてくるのだ。

そうなったときに、ではあっさりと別の人生を見据えることができるだろうか。生き方をコロリと変えてしまって、会社人生とは違う場所に自分の楽しみを見出すことができるだろうか。たぶん難しいと思う。黄昏《たそが》れていく会社人生の延長にしか、自分を見つめることができなくなっていると思う。「男は過去を引きずる」というのはそういう意味だ。

でもぼくは、迎えてしまったピークの先にはまったく違う景色が広がるのだと思いたい。いままで上り詰めてきた景色をそのまま下っていくのではなく、とにかくがんばってひとつのピークを迎えたのだから、今度はその向こうに広がる新しい景色の中に下っていくべきだと思う。

そのときはもう、コースは自由に選んでいいはずだ。急ぐ理由もないし、無理に急な坂を下る必要もない。気の向くまま、風の吹くままにコースを選べばいい。楽しそうだな、気持ちよさそうだなと思うところだけ歩いていけばいい。

女性が更年期障害を乗り越えて生まれ変わったように元気になるのは、彼女たちもひとつのピークに達するからだろう。

結婚、出産、子育て。あるいは仕事、家庭、教育。そういった気を張り詰めた世界がすべてひと段落する。「がんばらなくちゃ」と言い聞かせて夢中で過ごしてきた時代が、いつのまにか終わっている。それがちょうど、更年期の終わる頃ではないのか。心身に力が戻り始める頃だ。

そこから彼女たちは、新しい世界に嬉々として下りていく。子育てに後戻りなんかないのだから、彼女たちは済んだことなどきれいさっぱり忘れてしまう。

男も同じでいい。

「やれやれ」と思ったところが自分のピーク。喜んで向こう側に下りていこう。出世も昇給も望めない世界だとしても、楽しさを見つける術《すべ》はいくらでもあるのだから。

過去のことは過去のこと、そんなものに振り回されていては、これから人生の楽しみから見放されてしまう。

「悩まない」とまず決めてしまう

行き先を決めずに駅に向かう人はあんまりいないと思う。どこか目的地があって、そこに向かうためにとりあえず駅に行って切符を買う。

車でも同じで、いくらドライブが好きでも最低ひとつの目的地あるいは目的を作って出かける。昼飯はあのドライブインで食べようとか、眺めのいい場所まで行ったら戻ってこようとか、何か目標を決めないことにはなかなか出発できないはずだ。

そのことを、「変だ」と言った男がいる。

どこかに行きたいというのが家を出る理由なのだから、まずとりあえず家を出る。車なら走り出せばいいし、電車なら駅まで歩けばいい。すべてはそれからじゃないのかと言う。

言われてみれば確かにその通りで、目的地を決めて家を出るというのは、家を出るための言い訳に過ぎない。旅に出たいなあ、と思う気持ちがあるなら、どこに行こうかという迷いは無用でとにかく家を出れば済むことだ。

ところが実際には、「ではどこに行こうか」と悩んでしまう。あれこれ行き先を考え、あそこは遠すぎる、ここはつまらない、あそこも混雑すると迷った挙げ句、どこにも行かない。一日が終わる頃になって、つまらないなあと思い、どこでもいいから出かければ良かったなと後悔する。

悩みの正体もこれと似ていて、悩みに閉じこもるからいつまでも悩んでしまう。どうすれば責任を負わないで済むか、どうすれば恥をかかずに済むか、どうすればこの場をうまく切り抜けられるか、そういった次元で悩んでいる限り、一歩も前には踏み出せない。

何事もなるようにしかならないのだから、まずは自分が動くしかないはずだ。

もちろん大きな悩みに直面するときもある。転職や独立やIターン、Uターン、あるいは夫婦間の深刻な悩みもあるだろう。

そういう場合でも、まず駅に向かう、車を出す、でいいのではないか。同じ場所や同じ思考回路の中で堂々巡りを繰り返していても、悩みが消えることはないのだ。

答えを出したい気持ちがあるなら、自分が望む方向に一歩踏み出してみるべきだろう。


大企業に勤める男が、転職に悩んでいた。待遇も知名度も申し分ない会社だったが、仕事に打ち込んでもどこか白々しい。上司の機嫌取りに精を出す同僚や、まだ二〇代のくせに下請け業者に威張り散らす後輩を見ていると、自分もその社風に染まっているのかなと思ってしまう。

もちろん信頼できる同僚や上司もいる。周りの雰囲気なんか気にしないで、自分の仕事を精一杯やっていればいいんだとも思う。仕事に手応えを感じないのは会社のせいではなく、自分自身の問題じゃないのかとも思う。

だから転職したい気持ちは、くすぶったり消えたりしていた。転職といっても具体的にやりたい仕事があるわけではないし、三〇代という年齢を考えると、ここで失敗したら取り返しのつかないことになるような気がした。

彼は漠然とだが、小さな会社で働きたいと考えていた。業種も職種も思い浮かばないが、風通しがよくて活気のある職場だ。自分の仕事をストレートに評価されたり、あるいはどやされたり、がんばればがんばっただけ職場のみんなが喜んでくれるようなところで働きたいと思っていた。

これを、大企業で働く男の甘っちょろいロマンと笑うのは簡単だが、仕事が少しぐらいきつくても、収入がダウンしても、もしそういう職場が本当に自分を必要としてくれたら飛び込んでみたいと考えていた。

ところがある晩、その夢が突然、具体的になってきた。

親しくしていた居酒屋の主人が、「誰かいい人を知りませんか」と彼に話しかけてきたのだ。閉店には時間があったが、いつもは賑やかなその店がなぜか客のいない夜だった。

話を聞いてみると、主人は体調が悪いのだという。彼もそのことは知っていた。

歳も歳だから商売をやめてもいいのだが、苦労してここまでやってきた店に愛着がある。幸い妻はまだ元気だから、しばらくの間、自分の代わりに働いてくれる人間はいないだろうかと言うのだった。

店は主人夫婦がやっていた。曜日替わりの学生アルバイトが二人いる。これといって特徴はないが、家庭料理が美味しかった。こぎれいで値段も安いからサラリーマンの客が多い。時間帯によっては席がほぼ埋まってしまう。

相談を受けた彼は、ふと自分がやってみようかと思った。もちろんできるわけがない。酔客相手の商売がいかに大変なものかは、自分が酔客だからよくわかっている。ましてお愛想を言える柄でもないし、包丁の使い方も覚束《おぼつか》ない。

しかしそれから一週間ほど、彼は自分がその居酒屋のカウンターに立つ姿ばかり考え続けてしまったという。「無理だ、無理だ」と自分の空想を追い払おうとするのだが、どうしてもそこに戻ってしまう。

「一流企業のサラリーマンから居酒屋の雇われ主人か」

何だか男性週刊誌のおちょくり記事みたいじゃないか。よせよせ、後悔するだけだ。そう言い聞かせてもやはり空想は戻る。

彼は悩んだ挙げ句、主人に週末だけのアルバイトを申し出た。居酒屋は住宅地を控えた場所にあったから、土日も開店する代わりに平日が定休日だった。だからとりあえず、週末だけのアルバイトでも主人は助かる。

妻はもちろん呆れた。大企業に勤める夫が週末に居酒屋でアルバイトするなんて、やっぱり変だ。

夜の仕事だから家族揃って夕食も食べられないし、旅行もできない。疲れが重なって身体でも壊されたら大変だ。反対する理由はいくらでもあった。

でも、呆れただけだった。どうせ長くは続かないと思ったのだろう。

それは彼にしても同じで、二つのことを考えている。無理だと思ったら居酒屋を辞めよう。楽しいと思ったら、会社を辞めよう。とりあえずいまは、二足の草鞋《わらじ》を履けた自分が嬉しくて仕方ないのだそうだ。

「悩んでいる自分」も楽しんでしまおう

悩みは自分を包むグニャグニャした殻のようなものだから、スルリと脱ぎ捨てて先に行ってしまえば、後ろには悩みの殻だけが残る。

ヤドカリみたいなもので、抜け出せば、「あんなちっぽけな殻によくもいられたものだなあ」と思う。ヤドカリがそう感じるかどうかは知らないが、過去のことにしてしまえばすべて小さくなってしまうだろう。過去に引きずられることが、たいがい悩みの正体だ。

そのためには、あんまり目先のことにはとらわれないほうがいい。明日の結果が不安なときには、明後日のことを考えればいい。どう転んでも、たぶんサバサバした顔で過ごしているはずだ。

すると、いまの悩みはいずれは消えてしまうものだと気がつく。

変な言い方だが、悩むから悩みなのであって、悩まなくて済むときが来れば悩みではなくなる。

ではいったい何になるか。バカみたいだったなあと自分を笑えるようになる。

いままでのさまざまな悩みを思い出してみればいい。受験も恋愛も、就職も結婚も、欲しいものが手に入らなかったことも、大事なものを失ったことも、すべて、思い出してみればバカみたいな悩みだった。

すると何だか、悩み続けた過去の自分が愛しくなってくる。愚かで滑稽なことも認めるが、それも含めて自分が愛しくなってくる。

それなら、悩みに包まれたいまの自分を楽しんじゃえばいいじゃないか。

年の初めに一年の悩みを振り返る男がいる。これからの一年を計画するどころか、終わった一年の、それも悩んだことばかりあれこれ挙げてみるのだそうだ。

「結構、出てくる。大きなところでは昇進テストに二年連続で落ちたこと。田舎の父が倒れて介護の問題が現実になってきたこと。真面目に学校に行ってるもんだとばかり思っていた息子がサボって遊んでいたこと。小さなことなら育毛剤が少しも効かなかったこと。女子社員にネクタイをプレゼントされて女房に疑われたこと。小遣いが足りないことは毎年の悩みだな」

それが全部、なるようになったことで彼は満足するのだそうだ。根本的に解決したわけではない。

昇進テストだって介護の問題だって今年も続く。でもとりあえず、悩みではなくなった。やれるだけのことはやろうという結論しか出せなくても、落ち込んだり、目を逸らしたりしなくなったのだ。それで一歩前進ではないか。

今年も今年でさまざまな悩みや災難が降りかかるのだろう。でも去年と同じように、そのときはどんなに悩んでも、なるようにしかならないのだ。

悩みの「どつぼ」にはまっているときは、せいぜいその「うつ」を楽しんでやればいい。そう思うと、さてどんな「どつぼ」にはまるのか、そのときが来るなら来いという気にさえなってくる。どんな悩みもいつかは過去のことになるのだ。

こういう男の構えが、ぼくは楽しい。「うつ」もまた、ヤドカリの仮の宿なのだ。

「できるはずだ」も捨てる

「ありがたいことに先に行くに従い、ひとつずつ荷を落としていける。才能や出世欲や美貌のお荷物を」と書いたのは作家の田辺聖子さんだ。

「美貌」を挙げたあたりが田辺さんの楽しいところなんだろう。美しくなりたい、若さを守りたい、いまの体型を保ちたいと女性はやっきになるが、それもある年齢までだ。女優でもない限り、六〇歳、七〇歳といったあたりで無駄な抵抗を止めてしまう。

抵抗するより、美味しいものを気の済むまで食べてみたくなる。そっちのほうが幸せだからだ。

「美貌のお荷物」を下ろしたとき、女性はうんと気楽に生きていけるらしい。六〇代、七〇代の女性たちのパワーはその辺に原因がありそうだ。

ぼくらもそろそろ、荷物を下ろし始めていいはずだ。どれもこれも背負い続けるなんてバカげている。

田辺さんに習えばまずは才能・出世欲だ。これを捨てると確かに楽になる。

才能を捨てるというのは、不得手なことや不器用にしかできないことは、あっさり諦めるということだ。好きなら下手の横好きと認めて、他人よりうまくなろうなんて考えずに楽しむことに徹する。自分だけの目標を持って、まさに鈍牛の歩みでいいからのんびり楽しむ。

趣味や遊びを心底楽しめない人は、どこかで才能にこだわっているのではないか。ゴルフでもテニスでも、自分は上達が早くて当然とか、一緒に習い出したら誰よりも先にうまくなろうと考えているのではないか。競争心の激しい人、出世欲の強い人、プライドの高い人にはしばしばそんなところがある。

仕事も同じで、自分の能力を過信する人ほど苦しむ。なぜうまくいかないんだ、なぜあいつに勝てないんだと苦しむ。これだって、過去へのこだわりだろう。

でももう、いいんじゃないか。好きで楽しいというだけで十分だ。それが仕事でも遊びでも趣味でも、いままで続いてきた一番の原因なのだから、これから何をやるにしても楽しさ重視でいきたい。

「おれには才能がないのか」と悩むくらいなら、自分からさっさと才能の荷を下ろして、無邪気なおじさんになってしまえばいい。

これからの人生にはもう、出世欲が意味のないことぐらい、誰でも勘づいているはずだ。だからこれはすぐに捨てることができると思う。

するとマイペースの人生ということになる。わが人生を味わい尽くすのが一番大事になってくる。才能にこだわるなら、人生を楽しむ才能だけは失わない。それで十分ではないだろうか。

「がんばらないぞ、おれは」でいい

あとひと息のところで、フッと力を抜いてしまうクセのある男がいた。これは子供の頃からのクセだった。

たとえば、クラスの友達と相撲を取っている。身体は大きいほうだったから、小さな相手は一気に押し出してしまう。勝ち抜いて次第に強い相手とぶつかる。すると、土俵際まで追い詰めて有利な体勢になっているのに負けてしまう。もうひと押しなのに、投げを食ったり打っちゃられたりしてしまう。

大相撲の関取にもこういうタイプがいて、それがファンにはどうにも歯痒い。「なんであそこで負けるんだ」と悔しくなる。もちろん、負けた本人が一番悔しいのだろうが、内心はともかくそういうタイプの関取は負けても淡々としている。

この男の話に戻すと、ふっと息を抜くクセはなかなか直らなかった。本人にそのつもりはないのだが、ゴールが見えると気が緩むのだろう。

運動会の徒競走でもゴール前でよく抜かれた。勉強は真面目にやったほうだが、テストになるとケアレスミスで自滅した。こういうタイプはどうしても目立たない子供になってしまう。

ただしこの男は明るかった。あとちょっとのところで負けることはあっても、悔しがったり気落ちしている様子は見られなかった。それがまあ、親や周囲には歯痒かったのも本当のことだ。

ずっと後になって、この男は自分の子供の頃からのクセを思い出した。サラリーマンになっていたが、詰めの甘さや対抗心の弱さをしばしば上司に指摘されたからだ。仕事を怠けたり、手を抜いたりすることはない。しかし、実績も評価も平凡。

そのことを苦にするでもなく、いたってのんびりした印象を受けるから、やり手タイプの上司には努力が足りないと映ったようだ。

けれどもこの男には誰でも認める長所があった。ひと言で言えば親切なのだ。

後輩の悩みや相談には面倒を厭わず付き合ってやる。トラブルを抱えた同僚には気軽に手を貸してくれる。出入りの業者の要望にも可能な限り応じてやる。客の苦情には精一杯に対応する。

男は自分の性格がだんだんわかってきた。ゴール前でふと力を抜いてしまうのは、油断するからではない。他人と争って勝ち負けをはっきりさせることに戸惑うのだ。根本的に闘争心が欠けているのだ。

その代わり、他人の面倒を見るのは少しも苦痛ではない。そのあたりのことが四〇代になってはっきり意識されるようになったとき、辞表を出して介護関連の会社に転職した。勤務時間は不規則だし、肉体的にもきつい。収入も減った。以前の会社に比べればひとつもいいことはないのだが、男は楽しく働いている。

身体の不自由な老人たちから、若い時分の思い出話を聞くのが何よりの楽しみなのだという。いずれは、仕事の量が減ってもいいからフリーになって、自分が動けなくなるまで働こうと思っている。そうなるまでは、「がんばらなくちゃ」と思っている。

「がんばるぞ」という気持ちは誰の中にもあると思う。ただしそれが、対抗心や競争心から生まれる人と、自分の責任を果たしたいだけの人がいる。他人に負けまいとしてがんばることで、人生を勝ち抜いていくタイプの人もいるだろう。

でも、そうだとすれば負けて劣等感や屈辱感を持つ人もいることになる。勝ち負けなんだから、どちらも半々になるはずだ。勝ち負けなんだから、永遠に勝ち続けることは難しいはずだ。

そういう人生とは早いうちに見切りをつけたほうがいいのではないか。そんなものは過去の自分であって、これからは「がんばらないぞ、おれは」でもいいのではないか。

その先に、晴れ晴れとした嬉しさが見えるときだけ、「ここはがんばらなくちゃ」と自分に言い聞かせれば十分ではないだろうか。

済んだことは済んだことだ。過去との付き合い方が上手になったとき、人間のたいていの悩みは消えてなくなるのだろう。

3章

遊びや趣味
――楽しいことは本気でやろう

五〇代からは、うまくなるより楽しむこと

本気は、集中力を生む。本気でぶつかれば苦しさや格好悪さも忘れて夢中になっている自分を見つけることができる。それが遊びとか趣味なら、本物の楽しさと出合うことができる。下り坂の人生でも同じことだ。

二〇代の頃スキーに熱中した男がいた。最初は友人に誘われて始めたが、その友人たちというのが、付き合って愉快な仲間だった。

男はその仲間とスキーの腕を競い合ったが、やり始めたのが遅かったせいもあって、なかなか追いつかなかった。

けれどもスキー熱は二〇代で冷めてしまった。仕事が忙しくなったし、結婚して子供が生まれたせいもある。以前のように夜行日帰りのスケジュールで出かけるほどの情熱も持てなくなったし、かつての仲間たちもそれぞれに忙しくなって、

スキーどころではなくなったのだ。

五〇歳を過ぎて、男は地方の系列会社に異動を命じられた。もちろん降格人事だが、嫌なら退職するしかない。リストラされないだけマシだと慰めてくれる同僚もいたが、男は別に落胆はしなかった。

仕事がなくなったわけではないのだ。二人の娘がいて、どちらも高校生だったので男は独身者向けの社宅に単身赴任することになった。


その異動先で、男は二十数年ぶりにスキーと出合った。親しくなった出入りの業者の、それももう七〇歳になろうかという老人に誘われたのだ。

その誘いの言葉というのが変わっていた。

「スキーに行きませんか」ではなく、「スキーを見物しに行きませんか」と誘われたのだ。

よく晴れた日の午前中だった。休日で社宅にいた彼に、老人から突然そんな電話がかかってきた。

「スキー場にいいロッジがあって、こんな天気の日にはそこのテラスでゲレンデを眺めながらビールを飲むのもいいもんですよ」

バスに乗れば一時間足らずでそのスキー場に着く。老人の家はその近くだと以前に聞いたことがある。風もなく、空は真っ青に晴れ渡った日だったから、彼も気軽に誘いに乗ってみた。

スキー場は想像していたより静かで、こぢんまりとしていた。短いリフトが二本あるだけのどちらかと言えば初心者やファミリー向けのゲレンデだった。

ロッジも小さかったが、ログハウス風のなかなか落ち着いた雰囲気の建物だった。彼が板張りのテラスを見渡すと、すでに老人はテーブルに料理を広げて待ち構えている。隣には、たぶん奥さんなのだろう、白髪の小柄な女性が座っている。

そのテラスで、三人でしばらく話した。料理は奥さんの手作りだという。陽射しがポカポカと暖かくて、雪原の白さもまぶしくて、眠くなるような気持ちよさだった。

すると老人が、「ちょっと滑ってきます」と言ってブーツに履き替えてゲレンデに出ていった。「ビールの前の軽い運動ですよ」と照れ臭そうに笑う。
「では私もちょっと」
続いて奥さんがそう言ってゲレンデに出たときは、彼もさすがに驚いてしまった。

老人はふだんから柔和で温厚な人物だった。何度か一緒に酒を飲んだが、物知りで話も面白かった。ただし話題は町の歴史や隠れた名所旧跡の紹介になる。赴任して日の浅い彼はそんな話も面白かったが、スキーの話題になったことはない。だから、その老人が「軽い運動ですよ」と言ってゲレンデに出たときは意外な感じがしたが、まさか夫と同じくらいの年配に見える奥さんまでがスキーをやるとは思わなかったのだ。

ロッジのテラスに腰かけたまま、彼はゲレンデを眺めていた。老夫婦は正面のリフトに前後して乗り込み、終点で降りると彼を目がけるようになだらかなゲレンデを滑ってくる。

その滑りがいかにもエレガントだった。相前後してゆったりとシュプールを描きながら、本当に楽しそうに滑っている。表情まで見えるわけではないが、いかにも楽しんで滑っているなという様子が伝わってくる。

「おれも滑りたいな」と彼は思ったそうだ。

スキーはもう随分やってない。かつてはスキー場に着けば休む間もなく滑っていた。仲間たちに負けたくなくて、難しいコースばかり選んで滑りまくっていた。数年でプッツリ止めてしまったのは、忙しいとか仲間がいなくなったということより、彼自身、あまり楽しんでいなかったからだろう。

本当に楽しかったなら一人でも出かけたはずだし、家族ができれば家族で楽しんだはずなのだ。

ゆっくり滑り降りてくる老夫婦の姿を眺めながら、彼はそんなことを考えた。老人が軽く息を弾ませて彼のそばに立ったとき、思わず、「ぼくも滑りたくなりました」と声をかけてしまった。

幸い、老人のブーツは彼の足にも合った。

「○○さんがスキーをやるなんて意外でしたね」

老人はそう言って嬉しそうに自分のスキーを貸してくれた。それからのことは省略しよう。とにかく彼は二十数年ぶりにゲレンデを滑り降りた。楽しくてしょうがなかった。あんまり楽しいからリフトに三回も乗ってしまった。ビールが旨かったのは言うまでもない。

単身赴任で迎えた最初の冬、彼は休日になると老人夫婦と待ち合わせてスキー場で過ごした。そのまま夫婦の家に招かれて夕食をご馳走になることもあった。老人は若い頃、国体選手を目指したほどのベテランだったということもわかった。お互いにスキーの思い出話をしていると時間のたつのも忘れるほどだった。

彼はこの老夫婦と三人でカナダのスキー場に出かける計画を練っている。どうせなら、のんびりしたスケジュールで出かけたい。本社ではチラホラと、彼のリストラの噂が流れている。それがいまの彼にとっては、ニンマリするほど嬉しい。

「いまさら」を捨てて、飛び込んでみる

好きだから、楽しいから続けてきたはずの趣味も、思うように上達しなかったり、忙しくて時間が取れないようになると、「おれには向いてないかな」と諦めたくなる。

こういうのは本気ではなかったという証拠になる。その程度の付き合いだったということだ。趣味はそんなものではない。趣味は人生を楽しくするツールのようなものだ。楽しさに惹かれたのだから、その楽しさを本気で追いかける。うまくなるよりも楽しくなる。そういう方向を目指してもいいんじゃないか。

だから、ここでも小欲の積み重ねでいい。間口が広くて奥行きが深いのが趣味なんだから、その中で遊ぼうと思えばどんなスタイルでも受け入れてくれるはずなのだ。

糖尿病には運動が必要と言われて、六〇歳から始めたジョギングに熱中してしまい、八〇歳を過ぎたいまでも市民マラソンに参加して走りまくっている老人がいる。ホノルルの国際マラソンには七〇代のときから毎年参加している。もちろん糖尿病はどこかに吹き飛んでしまった。

この老人は走ることが楽しくて仕方ない。けれどもタイムにはこだわらない。こだわろうにも年齢が年齢だから、短縮するより現状維持で十分だと思っている。決して無理はしない。だからフルマラソンを走った翌日にも軽いジョギングは欠かさないというから恐れ入る。

好きなことを始めるのに年齢は無関係とよく言うが、実際には「いまさら」というためらいを持ってしまう。

「いまさら」というのは、「いまから始めても間に合わない」という意味なんだろうが、楽しさに気持ちを委ねて趣味に遊ぶつもりになれば年齢など関係なくなる。

高いレベルに到達するのは難しいかもしれないが、自分のレベルを上げていくことはできるからだ。

そのとき大事なのは、工夫することだ。

長く続けている趣味にしろ、歳を取ってから始めた趣味にしろ、年齢が嵩《かさ》んでくればいろいろなハンディを背負ってしまう。

身体の無理が利かない。覚えが悪い。時間が取れない。根気が続かないといったハンディを意識すると、お茶を濁すという態度を取りたくなる。「まあ、そこそこできれば十分」と思いたくなる。

すると、あんまり楽しくない。「やってみたい」「やれるかな」という興味が湧いても自分でセーブするから、だんだん退屈になるのだ。


四〇代のサラリーマンが小学六年生の息子に誘われてサイクリングに出かけた。従兄弟から小さくなったサイクリング車を譲り受け、それがよほど嬉しかったみたいで父親に遠出したいと頼み込んだのだ。

じつは父親も、一〇代の頃サイクリングに熱中していた。高校生のときには東京から一週間かけて日本海まで走ったことがある。あの頃は週末になれば近郊の車の少ない道を選んで走り回っていたものだった。

それがいまではデップリと肥えてしまい、駅の階段すら息が切れる有り様だ。「どうしたものか」と迷ったが、まさか小学生の子供に負けるとは思わない。たまには親父の偉さでも見せるかと思って、物置から自分の古いサイクリング車を引っ張り出した。

出かける前日に、父親はまず、自分の自転車と子供の自転車を整備した。パンク修理も、油差しも、部品の交換もお手のものだったから、子供はそれだけで父親を見直した。ピカピカに磨き上げられた二台の自転車を、驚嘆の眼差しで見つめている。

ところが翌日、いざ走り出してみると脚力の衰えがはっきりと出てしまった。最初は鼻歌まじりだったが、長い上り道で脚が攣《つ》ってしまったのだ。子供はそんな父親をスイスイと引き離していく。

「こりゃ大変だ」と思ったが、父親はすぐに気持ちを切り替えた。いまさら子供と競争しても始まらない。それに、久しぶりに自転車で走るのは気持ち良かった。休日の外出と言えばもっぱら車に頼るばかりで、こうして自宅からペダルを漕いで遠出するなんて考えもしなかったのだ。

目的地は大きな貯水池だった。広い公園になっていて、貯水池の周囲を自転車で一周できるようになっている。着いてみて驚いたのは、自分たちのような親子連れや家族連れ、あるいは自分よりはるかに年配の男たちが、気持ち良さそうに自転車を走らせていることだった。

親子は芝生の上で持参のサンドイッチを食べ、しばらくあれこれ話した。すると子供が、「お父さんも結構、やるじゃん」と言う。からかっているわけではなくて、じつは後半になると子供もかなりへばったのだそうだ。父親のゆっくりしたペースに合わせたから、どうにか目的地まで辿り着けたのだと言う。

そう言われれば悪い気はしない。けれども、父親はこんなことを考えていた。

「子供はこれからどんどん体力をつけていくんだろうな。でも、自分のペースさえ守ればおれもまだまだ楽しめそうだ。付き合ってやれるところまでは付き合ってみるか」

そこから先は、自分でコースを考えて泊まりがけの遠出もしてみたい。もちろんひとりでのんびりとだ。カネのかからない、一番気楽な旅がサイクリングだった。

一生の趣味はこれに決めて、さすらいの自転車野郎を目指してみるか。そう考えると、まずは腹を引っ込めて格好良くならなくちゃ、と気がついたそうだ。

どんな趣味でもいい。とにかく生涯楽しめる趣味に出合う。その趣味の中で、自分を少しずつ変化させていく。

目標は夢のような楽しさと出合うことだ。そう考えれば、すでに人生は楽しさの世界に入り込んでいる。これからの趣味とはそういうものでありたい。

声をかけられたら、二つ返事で参加しよう

休日の朝に友人から電話があって、「ハスの花を見に行かないか」と誘われた男がいる。別に予定はないから出かけてもいいが、何となく返事をためらった。聞けば数人で集まって、電車で二時間ほどの町まで出かけるのだそうだ。

「今日も暑くなりそうだけど、炎天下でハスの花見物か」

そう考えると億劫だ。しかし誘ってくれた友人の顔を見るのも久しぶりだし、名前は知っていてもまだ訪ねたことのない町にも興味があった。

「ハスを見た後で、鰻の旨い店を予約しているんだ。じつは、今朝になってひとりキャンセルが出てしまって」

友人が事情を説明してくれたときには、男も「よし、行こう」という気になっていた。

友人一行は駅で待ち合わせて同じ電車に乗るのだそうだ。その時間には間に合わないが、みんなが乗り込む快速電車は男の住む町にも止まる。いまから出れば途中で合流できるとわかったから、男は家族に「ハスの花を見てくる」とだけ言い置いて家を出た。そのときふと、「なかなか格好いいじゃないか」と嬉しくなったそうだ。

いつも休日はゴロゴロして、妻にも子供たちにも相手にされなくなっている。今朝はそれとはまったく逆だ。クーラーの効いた室内でダラダラしている家族を尻目に、さっさと家を出るのは気分が良かった。

先頭の車両という約束だったから、男は車内で友人グループと会えた。五人連れで、友人以外は知らない顔だったが二時間の道中ですぐに打ち解けた。友人はただ「遊び仲間」とだけ紹介したが、女性も二人混じっていてなかなか美人だ。

どういう仲間なのかよくわからないが、会話を聞いていると月に一度か二度、ワイワイとどこかに出かけているらしい。

ハスの花は見事だった。これほどたくさん咲いているハスの花を見たのは初めてだったから、男はそれだけでも喜んだ。売店でアイスキャンディーを買ってみんなで食べたり、写真を撮ったりした。手帳に何やら書き留めている仲間もいて、俳句を記しているんだとわかった。

年齢もまちまちの六人の男女は、寄り集まったり散らばったり、それぞれが思い思いに夏の休日を楽しんでいた。暑いのはわかりきっているから、少しも苦にならなかった。

陽が少し傾きかけた頃、予約してあった鰻屋に六人で入った。ビールや冷たい日本酒を飲み、鰻を食べて二時間ほど過ごした。夏の炎天下をたっぷりと歩いた後だから、ビールは喉に染み込むように旨かったし、鰻の匂いは猛然と食欲を掻き立ててくれた。

六人とも、何がおかしいのかひっきりなしに笑い続け、その打ち解けた雰囲気は帰りの電車でも続いた。

ひと足先に電車を降りるとき、他の五人が声を揃えて男に言った。

「また今度」

男も笑顔で返した。

「また今度」

何だかもう、長い付き合いの仲間同士に思えてきた。ひとりを除けば見ず知らずの人間と、こうして一日遊べたことが男には信じられない気がした。それにしても、今日は思い切って出かけて良かった。

「また今度」がいつになるかわからないが、声がかかったら二つ返事で参加しよう。男はつくづくそう思ったという。

気の置けない友人から遊びの誘いがかかる。よく考えてみればこんな嬉しいことはないはずだ。「朋《とも》あり遠方より来たる」と同じではないか。友人は何か楽しい時間を目論んでいる。二つ返事で、その楽しさを満喫させてもらおう。本気で自分の時間を楽しむとは、案外そういうことではないだろうか。

遊びの世界では、いつも朗らかで誠実でありたい

知人にとてもせっかちな男がいる。

せっかちという言い方が悪いならサービス精神旺盛とでも言い直そう。とにかく一時もジッとできなくて、次々に提案し、次々に実行しようとする。

たとえば数人で酒を飲んでいるときでも、この男がいるとやたらに慌ただしい。ちょくちょく電話をかけては新しいメンバーを登場させ、「腹が減ったな」と誰かが言えばたちまち寿司屋から出前が届き、「いつか旅行でも行きたいな」と言えばすかさず手帳を取り出してスケジュールを決めてしまう。

趣味も多彩で好奇心も強くて、本人も「おちおち考えてるヒマがない」と言うほど動き回っている。

けれども彼は仲間から愛されている。ときどき勘違いして、待ち合わせてもい

ない酒場でひとりで過ごしてしまい、みんなに「どうしたんだ」と電話をかけるドジもやるが、それでも彼から電話があれば「しょうがないやつだなあ」と言いながら何人かが必ず集まってくれる。それほどに、誰からも愛される男なのだ。

いつだったか、この男がいない席でこの男の話になったことがあった。そういうケースはめったにないのだが、偶然そうなってしまえば話題が話題だから大いに盛り上がる。

そのとき、ひとりの男が、

「あいつはいなくても盛り上げてくれるやつだな」

と笑った。みんなこの言葉には大笑いして頷くしかなかった。

彼が愛されるのは、いつでも本気で遊んでいるからだ。どこにいても、何をやっていても、この楽しさをとことん味わい尽くそうという真剣さがあふれている。その気迫が周囲の人間にも伝わってきて、「よーし、とことん遊んでやれ」という気分になってしまう。

「遊びなんだからそこまでやらなくてもいいや」とか、「子供じゃあるまいし」といった分別がどこかに吹き飛んでしまう。

だから、彼と遊んだ後はみんなグッタリするが、神経が消耗するような疲労感は残らない。「よく遊んだなあ」という心地良い疲れで、それがかえって仕事に向かう元気を湧き起こしてくれる。むしろ、「近頃なんだかしょぼくれてきたな」と思うときに限って、この男の顔が浮かんでくるのだ。


元気になりたいときに、ぼくらは遊びたくなる。

忙しい日が続いたり、気分がスッキリしないときに「ぱあーっと遊んでやるか」と思い立つ。そういうときは迷わず、「遊べ！　遊べ！」と自分に声をかけて遊びに出よう。手抜きなんかしないで、クタクタになるまで遊んで元気になろう。

楽しいことこそ本気でやる。わが人生を大きく膨らませる一番簡単な方法ではないか。趣味で手を抜く人間は、案外、仕事とか他のことでも手を抜いてしまうものだ。

たいていのことは、いまからでも間に合う

ヒマになったらあれもやりたい、これもやりたいと思うことはあるはずだ。でもヒマとはどんな状態を言うのか。

まさか何もやることのない楽隠居の身分を想定しているわけではないはずだ。ああ見えて、隠居暮らしはなかなか忙しい。ヒマと思われているから町内の雑用や役職や、果ては揉め事、相談事が次々に持ち込まれる。

そういう雑用が持ち込まれない隠居は、逆に言えば世間から用なしの烙印《らくいん》を押されたようなもので、ヒマには違いないが無気力になっている。

つまり、やりたいことがあるならそのときがチャンスになる。やってみたいと思ったその日がスタートの日でいい。仕事がどんなに忙しくても手足を縛られているわけではないのだから、休日も含めて動ける時間ぐらいどうにでも捻出でき

る。まして勉強となれば通勤の行き帰りにでもできる。

もしかすると、「ヒマになったら」と自分に言い聞かせるときには逃げ腰なのではないか。興味はそそられても、「しかし、いまから勉強しても追いつかないだろうな。時間もそんなに取れないから、中途半端で終わってしまうんだろうな」と言い聞かせてしまう。「ヒマになったら」という言葉は、自分に対するより他人に対して使うことの多い言葉なのかもしれない。


四〇代の夫婦が東南アジアの旅をした。夏休みだったから中学生と高校生の二人の子供も一緒だった。タイやシンガポールをパック旅行で数日かけて巡り、それはそれで楽しかったが、この夫婦は自分たちの英語力のなさが歯痒くなったそうだ。

アジアの人は日本人にもわかりやすい英語を話す。決して流暢ではないが、意思の疎通を図ることぐらい単語を並べて堂々とこなしてしまう。子供たちも学校で習ったばかりの簡単な会話でどんどん応じる。

それなのに、自分たちは話しかけられても曖昧に笑っているだけだ。「こんなんじゃ面白くない」と夫婦は反省し、日本に戻ると早速、英会話を勉強することにした。

ところが二人とも忙しい。共働きで夫の仕事は残業続きだし、妻には家事もあればPTAや町内の仕事もある。英会話スクールに通う時間なんか取れないし、ラジオやテレビの講座も試してみたが疲れてしまって集中できない。

すると中学生の娘が、「本を読めば」と言う。

「私だって別に会話なんて習わないよ。覚えている単語を並べているうちに何となく通じただけなんだから」

なるほどと思った妻は、早速、書店でペーパーバックスを何冊も買い込んできた。シェイクスピアやモームといったオーソドックスな本もあるが、聞いたこともない作家の、どうやら恋愛小説らしいものやミステリーらしいものを手当たり次第に読み始めた。

やってみるとこれが面白い。最初はさっぱり没頭できなかったが、知らない単語が出てくるたびに辞書を引き、意味がさっぱり通じないときにはイディオムや文法を調べる。娘の教科書が十分役に立った。

続けてみると不思議なもので、ずいぶん昔に習った単語やイディオムを思い出してくる。

「そうよねえ。女子大も含めれば一〇年も習った英語なんだもの」

妻のほうは次第に自信がついてきた。

夫は妻のそんな様子を見て心中穏やかではない。自分だけ「忙しい」を弁解にするわけにはいかないから、妻に習ってペーパーバックスを買い込んだ。こっちはヘミングウェイやチャンドラーだ。

妻と同じで最初は戸惑ったが、しばらく続けているうちに原書の面白さに引きずり込まれるようになってしまった。意味のわからないところは飛ばしても、ストーリーは追えるからだ。

両親がペーパーバックスに熱中するのを二人の子供はニヤニヤしながら眺めていた。高校生の長男は、「四十の手習いだな」と利いた風なことを言ってからかう。

夫婦は相手にしないが、「いちいちテストで点数つけられるんだから、こいつらは可哀想なもんだな」と思っている。「その点、四〇の手習いは楽しいだけでいいんだ」

まったくその通りで、ぼくらはいまから何かを学んでも苦痛にはならない。苦痛になることは学ばなくていいのが「大人」の特権というものだろう。自分で工夫し、楽しんで学ぶ方法を見つければいいのだ。

「いまからやっても」という諦めは、学ぶことの楽しさを忘れてしまった人間の言い草ではないか。間に合う、間に合わないではなくて、初歩の世界にも楽しさはあふれている。やりたいことをやっているんだという楽しさは、生きる楽しさにそのまま通じてくるのではないだろうか。

苦行でなく、快楽としての勉強を

年末に妻にうるさく言われて、自分専用の押し入れを整理した男がいる。自分専用なんだから散らかってもいいじゃないかと思ったが、収納スペースが足りなくなったから半分、空けてくれと言うのだ。

主婦の目から見れば、ガラクタが無造作に放り込まれているだけで、いかにもスペースの無駄遣いに思えたのだろう。男は渋々、押し入れの中のものを引っ張り出してみた。

確かに、もう捨てていいようなものがたくさん出てくる。多趣味と言うほどでもないが、あれも齧《かじ》り、これも齧りしては途中で投げ出したものがあったから、いわば趣味の残骸だ。

そんな残骸の中に、古い段ボールにぎっしり詰められた本が出てきた。学生時代に買ったものもある。何度かの引越しで本はずいぶん整理したが、特別に愛着のあるものは段ボールに詰め込んだまま、引越しのたびに開けられもせず押し入れの奥に置かれたのだった。それが二箱、三箱と出てきたのだ。

男は懐かしさもあって、その本を次々と手に取った。文庫本が多かったのは、おそらくカネがないから文庫しか買えなかったせいだろう。いつ買ったのか、まったく記憶にない本もある。こういうことはやり出すと時間がどんどんたってしまう。つい読み始めたりするから、作業はさっぱり進まない。

そのうち男は、意外なことに気がついた。

「若い頃は、案外、まじめに勉強したんだな」

そのことが少し照れ臭い気もしたが、近頃の自分が情けない気分にもなってきた。世の中のことはすっかりわかったつもりで、雑誌や新聞記事の受け売りをしている自分が急に恥ずかしくなったのだ。

まじめに勉強したんだなと思ったのは、古い文庫本にはどれも書き込みや赤線が入っていたからだ。「？」マークがついていたり、生意気にも短い反論が書かれてあったりする。

それから、雑多な分野の本が集まっているようでそうでもなかった。よく見れば、大きくいくつかの分野に分けられるのだ。古代史があり、探検史のようなものがあり、哲学がある。地味な分野だが、学問というより興味があったから雑多に集めた本ばかりで、一冊一冊手に取れば彼にもかすかに記憶が蘇ってくる。


男は結局、それらの本をすべて、自分の書棚に移し変えたそうだ。書棚には読みもしない経済書や、一度読んだだけのベストセラー本や、あれば役に立つかと思った実用書が並んでいたが、そっちを全部捨てて、古い文庫本と入れ替えてしまった。

正月休みの間、男は茶の間のコタツやダイニングのテーブルで昔読んだはずの本を読み続けたという。とりあえず手にしたのは、スウェン・ヘディンの『さまよえる湖』という本だった。

正直に言えば最初は苦行だった。お屠蘇でほろ酔いの頭にはテレビのスポーツ番組がちょうどいい。目は活字を追っていても気持ちは別のところにある。

それでも読み続けたのは、かつて自分が読んだ本だとわかっているからだ。いまはすっかり不勉強になってしまったが、自分にも学ぶ気持ちがあったのだというだけで誇らしい。半分はノスタルジックな気持ち、半分はその誇らしさにくすぐられながら、最後まで読み通したという。時折出合う書き込みが、男を励ました面もある。

家族は出かけたりおしゃべりしたりしている。本を読み続ける男を見ても、「珍しいね」とか「何の本？」と聞くぐらいで、それ以上は興味を持たない。おかげで男は数日の休みをゆっくりと自分のためだけに使うことができた。そして、「こういうのも悪くないな」と思ったそうだ。

書棚には、懐かしい本がぎっしりと並んでいる。どれもが茫洋とした世界を秘めている。半年や一年で中身が古びてしまう本ではない。その背文字を眺めていると、「これで当分は自分の時間が楽しめそうだ」と思ったそうだ。

どうせなら、これからは目先のことではなく茫洋とした世界を学びたい。目まぐるしく変化していく世の中のことは、時流に乗り遅れたくない人間が一所懸命学べばいい。

ぼくらは悠然と学ぶことを楽しもう。鳥獣草木、宇宙や生命、古代や哲学や地誌でもいい。そこで得られた興味や楽しさが、わが人生の密かな宝物になったら言うことなしだろう。苦行としての勉強ではなく、快楽としての勉強ということである。

4章

仕事や生きがい
――「迷ったら一歩前に」出てしまおう

「自由な荒野」に踏み出す勇気

苦しいときは行動するに限る。ともかく身体を動かすに限る。そうしないと心が淀んでますます苦しくなる。

迷ったとき苦しいときは、一歩前に出る。そのことで道が開けることが多いという話をしたい。

大手メーカーに勤める男がいる。三〇年のサラリーマン生活を彼は「苦界《くかい》だった」と言う。それを聞いて、最初ずいぶん大袈裟な言い草だなと思った。

もちろんまだサラリーマンは終わっていない。早期退職制度に応じてもいいとは思っているが、もし可能なら、あとせめて三年は居残るつもりでいる。

彼はこの一〇年ほど、ひとりで海釣りに出かけるようになった。深夜に車を走らせてまだ暗い岸壁に着く。魔法瓶のお茶を飲みながら、しばらくは茫然と過ごす。釣りを始める前の、そういう静かな時間が好きなのだという。

釣りが始まれば夢中になる。何もかも忘れて釣りに没頭できる。

やがて夜が明け、海面が朝日にまぶしく照り返される頃になると、猛然と腹が空いてくる。持参の弁当を食べる。潮の香りに包まれながら釣りたてのアオリイカやアジを捌《さば》き、熱いご飯と一緒に食べる気分はたとえようがないと言う。

しかし、そこまでなのだそうだ。

「なぜなんだろうな。明るくなってしまうと気分が乗らなくなるんです」

腹が膨らんで眠気に襲われるせいもある。魚の食いが悪くなるせいもある。釣り人が増えてきて賑やかになるせいもある。けれども一番大きいのは、少しずつ現実に戻されてしまうからだと彼は言う。

「哀しい性分で、明るくなると帰ってからのことを考えてしまう。明日からの仕事やそのための準備のことを考えてしまうんです」

彼は一見、快活なサラリーマンだ。出世も順調だし、家庭にもこれといった問題はない。だから、三〇年間のサラリーマン生活を「苦界だった」と語られても誰も本気にしない。

しかし、三〇年のサラリーマン生活を送った同世代の男なら、彼の言葉にどこかで頷くことができるかもしれない。

野心に燃えたこともあるし、意気揚々とした時期もある。失意のときもあれば、我慢を重ねたときもある。誰にでも、良いときや悪いときがあった。


けれども、振り返ってみればこれだけは言える。

不自由な三〇年だった。身動きの取れない三〇年だった。仕事の成果や上司の評価に一喜一憂することはあっても、基本的には周囲の顔色を窺い、用心を重ねて大過なくやり過ごそうとしてきた三〇年だった。

その習性が骨の髄まで染み込んでいる。「苦界だった」という言葉は大袈裟に響くかもしれないが、聞きようによってはこれほどわかりやすい言葉もないだろう。

好きな海釣りに没頭していても、陽が高くなればたちまち現実に戻されるというこのサラリーマンの習性も、確かに「苦界」に身を置いてきたせいなのかもしれない。

しかし、「苦界」も馴れきってしまえばそこが一番安全な場所になってしまう。不自由でも身動きが取れなくても、何とかしがみつこうとしてしまう。

すると苦界を脱出しても、晴れ晴れとした気分を取り戻せなくなる。リストラや倒産は人生の大きな軌道修正を強いられるが、気楽に考え直せば苦界から抜け出すチャンスだ。

でもいざ、現実問題として直面するとうろたえる。たとえ苦界であっても世間並みの暮らしを保証してくれたサラリーマン生活のほうがマシだと思ってしまうからだ。

だとすれば、どう転んでも不幸な人生だけが待ち構えていることになる。残れば苦界、出れば荒野なのだから。

ならば荒野に出てみようというのが、ぼくからの提案になる。何かにしがみついて守られる人生より、照りつける陽射しと吹き晒《さら》す風の中に立ってみよう。それが「一歩前に出てしまおう」という提案なのだ。

荒野が淋しいなんて、群れて集まる生活の長かった男の言うセリフに過ぎないのではないか。

いざ足を一歩踏み出してみれば、世の中に荒れ果てた地など存在するわけがない。そこに生きて、小欲に楽しみを見出して朗らかに暮らしている男や女がいくらでもいる。

「出れば荒野」というのは、「苦界」と言いつつぬるま湯に身を浸し続けたサラリーマンの臆病さではないのか。

会社や仕事というのは、きれいごとでは片づけられない。家族のことや、生活のことを考えれば、リストラも倒産も避けたい事態だし、子会社への出向も他社との合併も心細い事態になる。

けれども、荒野に向かって背中を押されてしまったときには、平然と一歩を踏み出して荒野を楽しむしかない。波乱のあるのが人生と思い定めれば、しがみつくもののない暮らしが一番強いと気づくはずだ。

降りかかった運命は、淡々と受け止める

楽しく生きるためには、少し粋になってもいいのではないか。

無粋な人生より粋な人生のほうが楽しい。理屈っぽく、杓子定規に生きるより、臨機応変に洒脱に生きたほうがはるかに気が楽だ。

このことをもう少し俗な言葉で言うなら、ときには〝痩せ我慢〟してもいいから格好つけてみようということになる。一歩前に出てしまえということだ。

たとえば女にフラれたとき、悪態をついたり恨んだり自棄《やけ》を起こすのは最悪だろう。未練たらしく追いかけたり、ヨリを戻すように細工したり、果てはストーカーまがいの行動に出るなんてひたすら格好が悪い。

ではどうするのが格好いいか。

気取ることだ。

未練の素振りも見せずに、クルリと背中を向けて別れることだ。彼女が去った道と反対の方角へ一歩を踏み出すこと。ひとりになってから、フラれちゃったよと笑顔でグラスを傾けることだ。

「無理しやがって」と周りは笑うだろうが、無理でも何でもそんな自分なら許してやれる。ジメジメと落ち込んだ自分ではとても付き合ってやれない。

リストラや出向も同じではないだろうか。

こう書けば反論が来るのは百も承知だが、サラリーマンである限り、決まってしまったものに逆らうわけにはいかない。覆すことができないのだから受け止めるしかない。

どうせ受け止めるなら、淡々と、明るく受け止める。「元気でな」と同僚には笑顔を向け、これも笑顔で「何とかなるさ」と妻には告げよう。心中なんか察してもらわなくてもいいし、気休めの言葉には精一杯のジョークで応えよう。

「それでどうにかなるのか」と詰問されたら、「なる」としか答えようがない。

実際にどうにかなるのが人生だからだ。

かつて、ぼくらの周りには貧乏だけど気楽に生きている人間が大勢いたものだ。家は狭くて着るものも質素、けれども下駄履きで悠然と町を歩き、誰にも気軽に挨拶し、ガラス戸がきれいに磨かれた玄関には味のある表札がかけてあった。趣味人で、ユーモアがあって、苦労を感じさせない温和な笑顔を浮かべていた。

そういう人間が、じつは失業中だったり、商売に失敗したことがあったりした。話がそのあたりに触れてくると、苦笑いしながら、「なかなかうまくいかないもんです」と他人事のように答えた。

心中察するものがあったと言いたいが、そんな気弱な素振りなど一欠片《ひとかけら》も見せない。生き様が自然体で、いかにも無欲な様子が伝わってきた。

つまり、ぼくが言いたい粋な人生とは、平然と運命を受け入れる人生のことでもある。

降りかかった運命の前でジタバタする人生より、そのほうがはるかに格好いい。

その格好良さを、つまらないダンディズムと切り捨てるのは間違いだと思う。

なぜなら、淡々と運命を受け入れてしまえば、自分の取った態度が好きになる。落胆はしても、自分に嫌気さえ差さなければ、新しい人生を始めることができる。楽しいことはそこから先に待ち構えているはずなのだ。

その一歩を踏み出さないことで、新しい世界にも楽しみにも出合えないなんて、つまらないではないか。

五〇代からの「勝ち」とは、「楽しんだ者勝ち」

いままでは、他人との距離や位置関係を計って自分の居場所を確認してきた。あいつには少し遅れているが、こいつよりはマシなところにいるなと自分を慰めてきた。

この習慣を思い出せば子供の頃からあったのではないか。腕っ節の強さがそうだった。野球のうまさがそうだった。テストの点数がそうだった。受験勉強では成績順位に一喜一憂する。進学し、やがて就職したときにも同じようなことを考える。まあ、あいつよりはマシな会社だろうと自分を納得させる。

それから後のことは書き連ねるまでもない。出世、昇給、マイホーム、あるいは勤める会社の業績、子供の進学、リストラなんかも同じで、いっそのこと同期社員全員がリストラされてしまえば少しは気が晴れる。

けれども、自分の位置を見るためには地図が一枚あれば済むことだ。人生のゴールには死があって、いまはおそらく三分の二ぐらいのところまで来ている。まずこの絶対的な位置。

それからいままでに通ってきた道を指で辿ることもできる。帰路はいくつもあってそのたびに悩んできたような気もするが、指で辿れば所詮、一本の道になってしまう。

わかっていることはこれでおしまい。

地図に残された三分の一の距離には、何のマークも標識も記されていない。それを記すのは自分なのだから、いまは白紙のままでいいのだ。

そこでおもむろに、たとえば山小屋の絵でも小さく描いてみる。「悪くないな」と思う。

「この辺りで一〇坪くらいの山小屋でも建てるか。いまの家なんか売っちまえばいいんだ」

その手前にナップザックの絵を描いてみる。自分だけわかればいいんだから下手くそな絵で構わない。「これは旅マークだな。どうせカネはないから、安宿を泊まり歩く気ままな旅でいい。旅らしい旅なんて、もう随分やってないんだから」

酒が好きなら酒瓶の絵でも描いてみようか。本が好きなら本の絵でも描いてみようか。とにかく自分がやってみたいことや好きなことだけ描いてみればいい。

そうして描き上げた自分の地図が、残された人生を楽しく生きるための地図だと思おう。

おぼろげな道筋は見えてきたのだから、後は自分の足取りでのんびり歩いていけばいい。自分の地図で本当の居場所がわかれば、もうここまで来たのだなということがわかってくる。ここから先は楽しんだ者勝ちの人生だなとわかってくる。

いつも他人と比べて人生の勝ち組、負け組にこだわる人間たちを尻目に、悠然とわが人生のトップを歩けばいいのではないか。歩けばわが人生の新しい風景が見えてくる。

いま書いたように、勝ちとは「楽しんだ者勝ち」なのだから。

自分の取り分を少なくしていく

政治家や官僚、あるいは財界人の不正が暴かれるたびに、庶民が一番不思議に思うことがある。

「カネがないわけじゃあるまいし」

まったくその通りで、都心の一等地に豪邸を構え、億単位の財産を持ち、地位にも恵まれている。老後には何の不安もないはずだし、いまの職をいつ失っても困ることはないのだ。それがなぜ、不正まで犯して巨利を得ようとするのか。

知人になかなか枯れた味わいの老人がいるが、この人に言わせれば、

「年寄りが自分の取り分にこだわれば、ロクなことにはならない」

のだそうだ。

年齢が上で地位が上。それだけ経験も豊富で実力もあるのだから、取り分は多

くて当たり前という考えがぼくらにはある。従来の会社の給与体系も大体そうなっている。しかしこの老人に言わせればこうなる。

「ご馳走出されたって食い切れるもんじゃないんだから」

大皿に盛られた料理を、ごっそり取って当然とばかりに自分の取り皿に分ける。周りには箸もつけていない豪華な料理がたくさん残っているのに、浅ましくそれを繰り返す。

上に立つ人間がそんな調子だから、おこぼれ目当ての人間がいつも群がるのだという。

これが不正の全容かどうかはよくわからないが、そう解釈すれば、大物小物がゾロゾロ捕まる図式も見えてくる。確かに、年寄りが自分の取り分にこだわれば、そのしわ寄せが下の人間に及ぶのだろう。組織ぐるみの不正といったところで、下っ端にはほとんど取り分のないのが現実のようだ。

老人の話を聞いてふと思ったのだが、ぼくらが楽しく生きようと思えば、「取り分を少なくする」ことも大事なことではないだろうか。生きるうえで必要なものは、とりあえず手に入ったのだ。欲を言えばキリがない。

それから人生もそろそろ黄昏どきだ。淋しい言い方と思うかもしれないが、峠を目前のところまで来ているか、あるいはユラユラ下り坂に差しかかっている。年寄りと呼ばれるほどの歳でもないが、下の世代より取り分が少なくても困ることはないはずだ。

では、何の取り分を少なくするのか。

万事と考えていいだろう。給料は会社が決めることだから遠慮なくもらっていい。

ただし、雇用を前提に賃金カットを会社が言い出したら喜んで受け入れよう。リストラも倒産も怖くはないが、それが何より困る世代や人間もいるのだ。取り分が減っても仕事が残ればいいじゃないか。

その仕事も同じで、自分の出番が少なくなることには甘んじよう。少しずつ、少しずつ、職場の中で身軽になっていくのだからいいじゃないか。

当然、評価も評判も下がることぐらい我慢しよう。いままで一所懸命にやってきたのだから、それなりの信頼は得ているはずだ。いまさら功名心に駆られて、功績を争っても始まらない。

その功績も、下の世代やこれから伸びていく人間に与えてやろう。手を貸せるときにはさり気なくサポートして、成果が出たときには祝福してやろう。礼を言われたら遠慮なく酒の一杯でも奢ってもらおう。

何だかまるで悟り切った生き方だと思われるかもしれないが、じつはこれは、楽しく生きるための伏線に過ぎないのだ。

万事に取り分を多くしようと思えば、ガツガツとした生き方になってしまう。地位をさらに上げ、完全な勝ち組を目指す人生になってしまう。

でもそこから先は二つにひとつだ。食い意地の張った醜い年寄りになるか、手に入れたものにしがみつく年寄りになるか。どちらにしろ、楽しい人生とは言えないだろう。

だとしたら、いまから取り分を少なくする人生に切り替えてもいい。「小欲」

の気楽さに少しずつ、自分を馴らすのもいい。下り坂のほうに一歩を踏み出すということだ。

　ちなみにぼくの理想は、ひとりでカリカリと好きなマンガを描き続け、なおかつ、飯を食えるだけの読者がいてくれることだ。世の中には本来、ひとりの人間の取り分はひとり分しかないはずなのだから。

「落ち着いた暮らし」はまだ先でいい

今度はいままでと少し違ったことを書く。

そろそろ暮らしをガチャガチャと揺さぶる時期が来てもいいのではないか。

落ち着いた暮らし、落ち着いた人生は誰でも望むはずだが、将来に不安な要素が増えてくるとその望みも難しくなってくる。

それに、落ち着いた暮らしというのがよくわからない。物静かな暮らしのことを言うのか、規則正しい暮らしのことを言うのか、あるいは波風の立たない暮らしのことを言うのか、いずれにしろそんな暮らしを自分が本気で望んでいるのかどうか、これは胸に問い詰めたほうがいいのかもしれない。

定年まであと二年という男に、友人が商売を手伝ってくれないかと話を持ちかけてきた。商店街のいくつかの店舗と契約して、品物を客の自宅まで配達する商売だという。

そんな商売が成り立つのかと思ったが、友人は「人手がないことには始まらない」と言う。駐車場がない商店街では、客が買い物をしても持ち帰りに不便なので郊外の大型店に流れてしまう。

町中には老人だけの世帯もあって、そういう客も配達してもらえば喜ぶ。店も助かるから何軒かの申し込みはあるのだという。

友人とは長い付き合いだが、昔から思いつけばすぐ実行に移すところがあった。それでしばしば失敗もするが、大がかりなことはやらないから痛手も小さい。今度の商売も、失敗したからといってそれほど困ることはなさそうだった。

相談を持ちかけられた男は迷ったが、どうせ閑職に就かされていたし、定年後も何か仕事をするつもりだった。身体も元気だから、動き回る仕事も楽しいかもしれないと思って引き受けた。

男は妻と二人暮らしだった。長男がサラリーマンで、長女は一年前に結婚した。

どちらも家を出ているからふだんは静かに暮らしている。

それが、男の突然の転職で少し活気が出てきた。仕事柄、休日も夜間も出かける。作業ズボンにジャンパーという気楽な格好だから、いくらか若返って見える。適度に身体を動かすから食欲も旺盛だ。しかもストレスがない。

前の職場では終日、黙りこくって書類を作るだけだったが、今度は客や商店の人と大きな声で冗談が言い合える。

ところが突然、長男が戻ってきた。勤めていた会社が倒産したので、しばらく居候させてくれと言うのだ。断るわけにはいかない。

おまけに今度は娘が戻ってきた。出戻りではなくて、出産が近いためだった。実家に戻れば楽ができるし、何といっても安心だ。

男の家はたちまち賑やかになってしまった。

予定では夫婦二人の静かな生活が続くはずだったのに、朝から晩まで、ひと昔前のようにガチャガチャしている。

けれども夫婦はそれが楽しかった。物静かな暮らしより、こっちのほうがはるかに気楽に過ごせたからだ。

将来を見通せば、ぼくらの暮らしはだんだん静かになっていく。それが後半の人生だと諦めている。

でも楽しさを見つめれば、ひと波乱も二波乱もあっていい。落ち着いた暮らしなんて最晩年に訪れればいいことで、それまでは、コケの生えた暮らしを良しとしない気概も必要ではないか。

転機を前に萎縮する男ではなく、明るく前に踏み出せる男でありたい。一歩踏み出すの一歩には、こういう一歩も含まれている。

自分の生き方に納得できる仕事をしよう

一歩前に出た仕事観とはどういうものかを考えてみたい。

仕事がなくなる、あるいは仕事が変わることが当たり前になったご時世だからこそ、考えてみたいテーマだ。

サラリーマンから独立して自営業に転じた男が、やがて戸惑うのは収支のバランスと仕事そのものの「つまらなさ」だという。

収支のバランスについてはわかると思う。会社勤めの頃には見えない経費や出費が、自営となれば嫌でも目につく。というより自分で負担しなければいけないのだから、どんどんカネが出ていく。

その結果、売り上げの割に儲けが少ないことに愕然としてしまう。下手をすれば赤字になる。

サラリーマンならいくら給料が安くても赤字はあり得ない。家計の赤字は収入以上に支出がかさんだから起こるのであって、収入がマイナスということはあり得ないからだ。

でもまあ、この辺りのことは「好きで始めた商売なんだから」としか言いようがない。

問題は、好きで始めたはずの商売がつまらなくなることだ。

十数年ほど前に、脱サラしてペンションを始めた男がいる。当時、ペンションがちょっとしたブームになったのはぼくも覚えているが、それからどうなったかはよく知らない。確か失敗して借金だけ残った例も多かったはずだ。

でもこの男はいまでもペンションを続けている。東京からは遠いが、四季を通じて周囲の自然を楽しめるからロケーションには恵まれている。料理好きだし研究熱心だし、人柄も温厚で誰にも好かれる男だ。

しかし、彼が言うには周辺のペンションはほとんどが失敗して閉じたり、あるいは開店休業の状態なのだそうだ。開店休業というのは、看板は出しているが一家で勤めに出てしまい、訪ねてくる客があっても受け入れられない状態のことらしい。

では彼はなぜ続いているのか。

「運が良かったんでしょうね。幸い、いいお客さんがついてくれたし、ぼくも女房もあんまり貧乏は苦にならない性質だから」

そう答えた後で、彼はもうひとつだけ笑顔でつけ加えた。

「好きで始めた商売を止める理由がないですよ」

彼は料理と大工仕事を受け持った。泊まり客の相手は主に妻がやり、室内の掃除やインテリアの工夫も妻が受け持った。経理も妻に任せた。

かといって、男は別に楽をしたわけではない。望まれれば昼食も出したから、三度の食事の準備、材料の吟味や買い出し、メニューを考える苦労は並大抵のものではない。菜園を作ってさまざまな野菜も育てていた。経費を節約するためにも建物の修理や改築は全部、自分で手がけた。

もうひとつ大事な仕事があって、初めてやって来た遠来の客には野遊び、山遊びの案内も引き受けた。

そういう仕事がすべて、彼に言わせれば性分に合っていた。観光シーズンには夜明けに目が覚めてから眠りに就くまで、ひとときも休めない日が何日も続いたが、クタクタに疲れても嫌気がさすことは一度もなかったという。

「ひとつひとつの仕事の中に、考える時間が結構あるんです。料理はもちろんだけど、大工仕事でもお客さんを案内する仕事でも、どうすれば楽しく過ごしてもらえるか、ない知恵を絞って必死で考えるんです。そういう時間が、嫌いじゃなかったですね」

それはぼくも同感だった。

漫画を描く作業そのものは、手仕事だしスタッフとの共同作業になる。忙しいと言えば確かに忙しいが、それ以外にもストーリーを考えるという大事な仕事がある。

これは決まった机や手順があるわけではなくて、歩きながらでも車の運転をしながらでも、あるいは音楽を聴いたりワインを飲んだり映画を観ながらでもできる。

その意味では、頭を空っぽにできる純粋な遊びの時間などめったに持てないことになる。因果な商売だと言えばそれまでだが、ストーリーを考える時間というのがぼくは嫌いではない。

アイディアが浮かばなくて苦しいときもあるが、彼が言うように、ない知恵を絞って必死で考える時間が決して嫌いではない。

好きで始めたはずの商売をつまらなく感じる人は、おそらくこの「考える時間」がつまらなくなるのだと思う。

趣味で料理を作るだけなら、自分好みの材料を自分好みの味に仕上げればいい。あれこれ考えるのも楽しい。けれども商売になればそうはいかない。さまざまな制約が出てくるし、その制約の中でいろんな好みを持った客に喜んでもらえる料理を出さなければいけない。

何より趣味と違ってくるのは、毎日毎日、朝から晩まで考えなければいけないことだ。おまけに生活がかかっている。好きで始めたはずの商売が、つまらなくなるのも仕方がないだろう。

サラリーマンも同じではないだろうか。

好きで始めた商売ではないかもしれないが、自分で選んだ道には違いない。そこで考えることを嫌ったり、面倒がったりしている限り、やはり仕事はつまらないのではないか。

どんな職種であろうと、どうすれば相手に喜んでもらえるか、どうすれば自分を信頼してもらえるか、そういうことを考えながら仕事をする男と、機械的に自分の役割だけをこなしていく男とでは、仕事の面白さがまったく違ってくるのではないか。

つまり、どんな仕事であれ、自分の仕事を通して自分の生き方を納得できる男が、楽しい人生を送ることができる。

仕事を通して自分の生き方が納得できないなら、辞めたほうがいい。粗悪な商品を平気で売りさばく会社や、社員に不正をそそのかすような会社なら、いくら待遇が良くてもさっさと辞めたほうがいい。

「好きで始めた商売を止める理由がないですよ」と笑った男には、控え目だが屈託のない明るさがあった。

僕の胸にも、この男のいかにも楽しそうに働く姿が浮かんできた。おそらく、彼のペンションの客は、その姿に惚れ込んで通っているのだと思う。

会社に翻弄されても、この「一点」にこだわりたい

ぼくは短いサラリーマン生活しか経験していないが、さまざまな出会いの中でつくづく面白いなと思ったことがある。

それは、どんな仕事にもその人の「哲学」が映し出されることだ。こう書けば何やら難しい話になりそうだが、じつは誰でも思い当たることだ。

商人にはいいものを良心的な値段で売って利益を出すという基本的な姿勢がある。それがない商人は一時的に大儲けすることはできても、結局は消費者から見放される。ましてこういう時代だから、買う側の目は厳しい。大手食品会社の不祥事と解散がそのことを如実に示している。

サラリーマンも同じで、ぼくが出会った人たちにはまず、いい仕事をしたいという気持ちがあったのだという。「いい仕事」とはどういう仕事か。職種を問わず、

相手に喜んでもらえる仕事だ。

サービス業や小売業なら目の前にいるお客さんに喜んでもらう。販売でもセールスでも、「買って良かった」と喜んでもらえるものを売る。技術者はいい製品を開発したり作ったりする。プランナーや企画マンは、自社のさまざまなセクションの人間やクライアントに満足してもらえるプランを作る。

とにかく、どんな仕事にも相手がいるのだから、その相手に喜んでもらえる仕事をすることが何より大事になってくる。

けれども、サラリーマンの仕事にはもっと現実的な側面がある。それは、組織の論理だ。いわゆる会社の方針というやつで、たとえば利益一辺倒になったり実績重視になったりする。叱咤激励型の上司が部下の尻を叩けば、部下は血眼になって結果を出そうとするから気持ちの余裕を失ってしまう。

あるいはリストラをほのめかされる。子会社への出向を打診される。昇進が遅れたり、陽の当たらない部署に配置転換されたりする。

とにかくサラリーマンは会社に翻弄される運命にある。やりたい仕事を自分のペースで続けるというのが、ものすごく難しい立場にあるのだ。これはどんなサラリーマンにも当てはまると思う。

それとは逆に、異例の抜擢をされたり、新規事業を任されたりする。上層部の期待を集めて出世コースを邁進したりする。

そんなとき、最後までこだわりたいのが「いい仕事をしたい」という気持ちだ。

いい仕事をする人の人生は、いい人生だ

さらに続ける。困難が生じても「相手に喜んでもらう」という根本が揺らいでいいはずはないと思う。それぐらいのことは、どんな職種であってもわかっているはずだ。

ぼくはサラリーマン時代に、ある人から「いい仕事をすればいいんだよ」と言われたことがある。

「組織の中で働くんだから、難しいことはたくさんある。きれいごとでは済まされないこともある。だけど、組織のことは考えたって始まらないんだ。おれたちはとにかく、いい仕事をすればいいんだ」

言葉としてこんなわかりやすいものはなかった。自分を見るときにも他人を見るときにも、いい仕事をしているかどうか、ただその一点で見ればいい。そうす

れば、自分も含めてその人間の生きる姿勢がわかってくる。

それは組織から解き放たれた人間の姿勢だ。まとわりつくものはたくさんあるだろうが、仕事を通して自分の生き方を貫いている人間の姿勢だ。働くというのは、本来、そういうことではないだろうか。

いい仕事をしている人は、そこに自分の人生の哲学を貫いている。

哲学というのは、単純に言えば「清々しい生き方を探る学問」だろう。気持ち良く生きるための英知だろう。

いずれにしろ生き方の根本に関わる問題なのだから、仕事をそこから切り離すわけにはいかない。

いままでのぼくらは、組織の論理に自分を重ね合わせてきた。だから、そこからはみ出した自分に不幸や孤独を感じてきた。でもそれはおかしい。まず最初に仕事ありき、なのだ。組織はその仕事にスケールや効率を与えるためのものでしかない。

だとすれば、どんな仕事であれ、悩む必要はない。悩むとすればただひとつ、どうすれば「いい仕事」ができるのかということだ。そこに向かって一歩踏み出すことで、サラリーマンは組織から自由になる。

組織の論理に翻弄されながらも、いかに自分の仕事に清々しさを貫くか。仕事を通して人生の哲学を考えるというのは、そういうことではないだろうか。

「儲かる仕事」より「いい仕事」を目指す

いまの話をさらに続けると、いい仕事をする人間はときに頑固で、ときにお人好しで、ときには「バカだなあ」と見なされてしまう。

相手に喜んでもらおうと思えば、どんな仕事でも手を抜かず、最善を尽くしてやり遂げるしかないからだ。するとどうしても、利益が後回しになってしまう。

でもぼくは、自営業であれサラリーマンであれ、利益を優先させる態度は仕事の楽しさを半減させるものだと思っている。きれいごとに聞こえるかもしれないが、まず「いい仕事」をすることがすべてであって、そのことと利益は別の問題だと思っている。

ちょっと見方を変えてみよう。

ハンバーガーや牛丼などのファストフード業界がディスカウント合戦に突入したとき、どのチェーン店も、品質は落とさずに値段だけをいかに下げるかということで苦心した。

おそらく傍目には窺い知れない苦労があったはずだ。安かろう不味《まず》かろうなら、誰でもできるのだ。

その苦心の挙げ句の値下げを消費者は大歓迎したが、ぼくは何より、業界全体のイメージが明るくなったことを歓迎した。

ぼくごときが歓迎してもどうなるものではないが、おそらく、ファストフード業界で働く人々は、大勢の客が詰めかける様子に爽やかな喜びを感じたと思う。

もちろん熾烈な競争が背景にあることは認めるが、火中の栗を拾うように、あえて「いい仕事」を目指した彼らの努力はやっぱり清々しいと言えるのではないか。

味を落とさず、より安くという困難をあえて選んだことで、儲け一辺倒の従来の企業にはない、新しい哲学が生まれたと思うからだ。

このことをひとりのサラリーマンに当てはめればどうなるか。さまざまな部署はあるが、目の前の仕事に取り組むという点ではどんな部署でも同じだろう。

そのとき、儲けを念頭に置いて仕事に優劣を持ち込む人間は、「いい仕事」からどんどん遠ざかっていくはずだ。儲かる仕事は儲かるからやるのであり、儲からない仕事にはそれに見合った労力しか注ぎ込まないようになるからだ。

こういう態度は、食べ物で言うなら味を落としていいという発想になるだろう。儲けが少ないのなら手を抜けばいいと考えてしまう。

これでは何も考えないのと同じことだ。どうすれば相手に喜んでもらえるかという、基本的な姿勢すら失っていることになる。

あるいは給料で考えても同じことだ。安いカネでこき使われるのはバカバカしいと思えば、仕事の手を抜くことで対抗するしかなくなる。すると仕事に充実感を持てず、給料をもらっても不満だけが残る。憂さ晴らしに酒を飲み、愚痴をこぼすだけの毎日になってしまう。

ぼくがこういうことを書くと、「会社の言いなりになって一所懸命働けということか」とあざ笑う人がいるかもしれない。あるいは「儲けをやかましく言うのは会社のほうだ」と反発する人がいるかもしれない。

けれども、ぼくが言いたいのはただひとつだ。サラリーマンが組織に依存しないで生きるためには、いい仕事をするしかない。

どうすれば相手に喜んでもらえるか、信頼してもらえるか、それだけを必死に考えて働くしかない。その信念を自分の仕事に貫き通せるなら、組織なんかどうだってよくなる。

収入が低いからといって卑屈に構える必要はなくなるし、利益を出すシステムは組織全体で考えればいいことだ。

そう割り切ったときに初めて、サラリーマンは組織と対等になれるのではないか。

リストラされようが冷遇されようが、生き方に自信を失うことはない。どういう職場に移ろうが、いままでと同じでいいのだ。いい仕事だけを心がければいい。

これは、楽しく生きるためには欠かせない心構えだろう。

何かあると仕事をそっちのけで、ああでもないこうでもないと愚痴を言い合ったり、他人を非難したりする。そんなことよりも前にやるべきことがあるはずだ。それがいい仕事をしようということだと思う。一歩前に出るという姿勢にはこういうことも含まれるはずだ。

仕事の中にしかない「楽しさ」を忘れていないか

「いい仕事」を心がければ、仕事そのものの中に必ず含まれている楽しさに気がつくはずだ。

相変わらず楽天的な見方かもしれないが、ぼくは人間が仕事をするのはそれが楽しいからだと考えている。

そうでなければ、同じような仕事を二〇年も三〇年も、飽きもしないで続けることは不可能だからだ。

サラリーマン生活を振り返って「苦界だった」と吐き捨てた男にしても、ではなぜ苦界に三〇年もいられたのかという疑問には答えようともしなかった。「楽しさ」があったからだと認めることは矛盾するからだろう。

ある男にはこんな思い出があった。

まだ三〇代の頃に酒場で見知らぬサラリーマン数人と議論し合ったのだそうだ。どのサラリーマンも仕事や職場の愚痴をこぼしてばかりいた。この男にしても不満はいくらでもあったのだが、聞いているうちに腹が立ってきたのだそうだ。たまたま上司に小言を言われてムシャクシャしていたせいもあった。

「そんなに嫌ならなぜ辞めないいんだ」

ついそんなことを言って話に割り込んでしまった。向こうは数が多いし年代も同じぐらいだ。

「じゃあ、あんたはなぜ辞めないんだ」

ひとりにすかさず切り返されてしまったという。自分の気持ちを見透かされたみたいで、これでグッと言葉に詰まったが、口論にはテンポというものがある。

男はつい、「仕事が好きだから」と答えてしまった。

すかさず相手のひとりから「同じだよ」と言葉が返り、良かったら一緒に飲もうよと誘われて同じ席に着いた。

それからしばらくワイワイ話したが、名刺を交換してお互いの職種がわかってくると、今度は楽しさ自慢になったという。グループ連れのサラリーマンは同じ会社の同僚ではなく、職種も業種も違う同級生同士だとわかった。久しぶりに会って、つい愚痴をこぼし合い、頷き合っていたらしい。

けれども楽しさ自慢になったら、話題は明るく盛り上がってくる。

ぼくにこの話をしてくれた男は業界誌に勤めていたが、取材で会う財界人たちが一瞬見せてくれる普段着の顔や、ポロリと漏れてしまう本音が楽しいと言った。それをどうやって引き出すかが自分の仕事だけれども、結果としてそれが活字にならなくても楽しいんだ、と言ったそうだ。

するとメーカーの総務部勤務の男が、「あなたのような人も含めて、会社にやって来るいろんな人間を観察するのが楽しい。個人的な付き合いには滅多にならないけど、ああ、この人は信頼できそうな人だなと思うと、それだけで楽しくなるんだ」と打ち明けた。

市場リサーチの会社に勤める男、ハウスメーカーの営業マン、高校の教師というのもひとりいたが、とにかくそれぞれの仕事の楽しさ、面白さをあれこれ話し出し、気持ち良く酔って気持ち良く別れたという。

ワーカホリックというのは、仕事をしている自分から抜け出せない人のことだ。楽しさとは無関係に働いている人だ。仕事から離れてしまえば、たちまち淋しさや不安に襲われてしまう人たちのことだろう。

けれどもぼくらは違う。

仕事も楽しいが、仕事を離れた時間はさらに楽しい。

それでも必ず仕事に戻るのはなぜだろうか。食うためだとか、義務だ、責任だという重苦しい気持ちで仕事に戻るのではないはずだ。それも少しはあるが、仕事には仕事の楽しさがあることを知っているから、ぼくらは戻れるのではないか。

月曜日の朝に、「ああ、今日からまた仕事か」と言いつつ、スッキリした気持ちが浮かんでくればそれだけで嬉しくなる。働くことの根本に楽しさがなければ、朝から晩まで、誰が毎日働き続けるものか。

その楽しさに、そろそろ重点を移す年齢じゃないか

いまの話の続きをしてみたい。

「仕事が楽しいなんて恵まれた人間の言うセリフだ」という反論ぐらい、ぼくにも想像がつくからだ。

仕事に楽しさを見出せない人は、仕事に向かい合っても仕事から目を逸らしていないだろうか。ポストへの不満もあるし、収入にも不満がある。あるいはやりたい仕事や、やりたかった仕事が他にあるのかもしれない。

以前に別の本でも考えたことだが、天職というのはなかなか見つからないものだ。二〇代の頃は自分がやりたい仕事が他にあるはずだと考える。仕事しながらも、「これじゃない」「おれが本当にやりたい仕事は、少なくともいまの仕事じゃない」と考えてしまう。

その時期に、はっきりとした答えが見つかる人は少ないはずだ。出会いに恵まれた人は一〇代で自分のやりたい仕事を見つけている。

けれども大部分の人、とくにサラリーマンの場合は、「社会に出ること」＝「サラリーマン」という図式をとりあえず自分に当てはめてしまう。さまざまな業界の中から知名度の高い会社をピックアップして軒並み入社試験を受けるのはそういう理由からだろう。

すると、入社しても具体的な希望が叶ったわけではないのだから、必ず不満が生まれる。「これじゃない」「あっちの仕事のほうが良かったかもしれない」と思い悩んでしまう。

でもぼくは、そういう迷いを抱きながらもひとつの仕事を長く続けるということは、その人が自分の選んだ仕事を天職にしてしまったのだと思っている。

偶然、選んだ仕事であっても、長く続けられたということは、コツコツとやり遂げてくる中で、その人なりの楽しさを見つけてきたということだ。つまり、自分の仕事を天職に育て上げてしまったのではないか。

だから、四〇代、五〇代になって、自分には違う人生があったかもしれないと思うのは意味のないことだろう。確かに違う人生はあっただろうが、仕事に関する限り、ここまで続けてきた自分を納得するしかないのではないか。

その上で、これからの人生を考えたい。


仕事はまだ続く。

でももう、量は増えないし、増やせないだろう。それに伴って収入もダウンしていくだろう。そういう時期が近づいていることは認めるしかない。

でもその代わり、自分の仕事を手の内にしてしまった。右も左もわからない駆け出しのサラリーマンではないのだ。要所も勝負どころも心得ている。流れに乗せてしまえばそれに身を任せる気楽さもわかっている。

ここまで来たら、上なんか見ないでいい。定年間近にポストが上がったところで、リストラや出向の御膳立てに過ぎない。先の見えたサラリーマンに「二階級特進」なんて余計なお世話だ。努力達成型の人生なんてもう要らない。

業績も評価も下から上がってくる連中に持って行かせればいい。心がけるのはただひとつ、いい仕事をすることだけだ。

そうやって、仕事以外の雑念から自由になれば、最後は楽しさだけが残る。自分をいまの仕事に引き留めてきた楽しさの正体が見えてくる。

七〇代のテーラーからこんな話を聞いたことがある。

「若い時分は、流行りとか個性にこだわって悩んだものだった。客の注文とこっちの考えがぶつかることもあった。でも近頃は、仕事がただ楽しい。寸法を取って、その人の体型に合ったスーツを作る作業がただ楽しい」

ぼくらもそろそろ、仕事の中の楽しさに重点を移す時期ではないだろうか。そう一歩を踏み出すのだ。

5章

友人や家族
――「この人のためなら」と思える人を心に持とう

多くはいらない、ひとりでも尊敬できる友を心に置く

強がってもひとりでは生きられないのが人間だ。

生まれてから大勢の人と袖《そで》触れ合うようにして生きてきたはずだが、後半生、その中のひとりとして心を許し合えていないとしたら、淋しい前半生と言うしかないだろう。

心を許せる友はたくさんいなくていい。たったひとりでもいい。そういう存在があって、初めて人生の潤いも生まれるのだと思う。いまからでも遅くはない。かすかな糸があるのならその糸をたぐり寄せる、あるいは死に体となっている旧交を温めたらどうだろうか。

定年を迎えた男が妻に不思議がられた。

「あなたは友達に会うのをあんなに楽しみにしていたのに、さっぱり出かけませ

んねェ」

大きなお世話だと思いながらも、男は苦笑混じりに答えた。

「出かけるほどの用事もないさ」

妻は「用事なんて要らないのに、男って気難しいのね」と思ったそうだ。

でもぼくは、この男が特別、気難しいとは思わない。人嫌いだとも思わないし、プライドが高いとも思わない。

実際、年齢を重ねるにつれて男はだんだんひとりになっていく。女は逆で、仲良しが集まるようになる。おばあちゃんのひとり旅は少ないし、おじいちゃんのグループ旅行もまた少ない。どうもそんな気がする。

では、男は孤独な生きものだろうか。

たぶんそうなのだろうと思う。少なくとも、女よりは孤独を好むのではないか。昔から漂泊の人生は男だけのものだった。同じことを女がやれば失踪者か家出人扱いにされてしまう。

けれども大切なことをひとつだけ付け加えると、男は生涯の友人を持つことができる。女性は生活環境のせいだろうか。難しいかもしれない。とりあえず、男と女ではそんな違いがあるような気がする。ぼくの思い違いかもしれない。

ただし男であれ女であれ、生涯の友人を持つ人は楽しく生きることができる。これだけは間違いないはずだ。「この人のためなら」と思える人が、たとえひとりでもいることで人生にしっとりとした潤いが生まれるからだ。


男は孤独を好むと書いたが、それは別に、他人に心を閉じたり背中を向けて生きるということではない。ひとりで過ごす時間をのんびり楽しめるというだけのことで、友人と向き合うときにはその時間を愉快に過ごすことができる。

だから、さっきの男の気持ち、「わざわざ出かけるほどの用事もないんだ」と言うのも半分は本心で半分は照れなんだと思う。

会えば愉快なひとときが生まれるのはわかっている。「あいつの顔でも見てくるか」という気分が高まったときが、一番いいときだろう。

そういう友人は、多くは要らない。

ただし、心から尊敬できる友でありたい。親しみの中に敬愛する気持ちをいつまでも持ち続けられる友こそ、生涯の友となるからだ。

珍しい酒が手に入ったら「これはあいつと会ったときのために取っておこう」。そんな気持ちにフトさせてくれる友人。そういう友がひとりでもいれば十分ではないだろうか。

「朋あり遠方より来たる」を、素直に喜べる自分でいたい

いまの話の続きになる。

「あいつの顔でも見てくるか」という気持ちはかなり気紛れで、朝目が覚めて顔を洗っているときに突然、思い立ったりする。何の予定もない週末に、何かの用事を作ってみたくなってフト、思い立ったりする。

すると、気持ちが弾んでくる。「元気かな」と思い、「ビックリするだろうな」と思う。

でもどこかにためらいがある。前触れもなく訪ねるのだから、相手はいないかもしれない。取り込み中かもしれない。病に臥《ふ》せって寝込んでいるかもしれない。

だから電話一本入れれば都合はわかるのだが、ふいに訪ねて驚かしてやりたいという気持ちもある。たとえ不在でも、相手の家を訪ねるまでの楽しさは変わら

ない。小さな土産を携えて、ワクワクした気分が味わえるのだ。

迎えるほうはどうか。

足取りも軽く、ある日、友人が訪ねて来る。「朋あり遠方より来たる」だ。ぼくらにとってこんな嬉しい出来事はない。その嬉しさを、子供のように素直に表わせる男でありたい。訪ねてくれた友人の気持ちを、精一杯汲み取ってやれる男でありたい。

けれどもそういう男であるためには、襟を開いて相手のすべてを受け入れる大らかさがなければいけない。

いつどんなときでも、訪ねてくれた友人を破顔一笑《はがんいっしょう》して迎える朗らかさがなければいけない。じつは、これが難しいのだ。

たとえば気持ちが落ち込んでいたとする。多忙で苛立っていたとする。疲労感に包まれていたり、体調が悪かったとする。そういうときは、誰でも人には会いたくない。おそらく自分のほうから友人を訪ねようという気分にはなれないだろう。

しかし訪ねて来る友人はいるのだ。こっちの事情も知らずに、懐かしそうな笑顔を浮かべて。その笑顔に、無邪気に応えることができるだろうか。

「日本人は見ず知らずの外国人を家に招き入れることができない」と言った人がいる。

商社に勤めてアジアやアフリカのいろいろな国に住んだ。忙しい仕事の合間を縫って、その国を旅してみた。英語は不自由なく話せるが、それは仕事のときしか通用しない。ほとんどの国の人は、一部のエリートを除けばその国の言葉しか話さないのだから、旅をしているときは会話にも不自由する。

けれども旅をすれば必ず声をかけられ、何やら意気投合し、招かれて相手の家でお茶や食事をご馳走になることが珍しくなかったという。

すると家族がいて、物珍しそうに来客を取り囲むが、見ず知らずの日本人が自分たちの家で一緒にお茶を飲んだり、食事をしていることに何の違和感も持たない。まるで旧来の友人を迎えているように気楽に振る舞ってくれる。

「そのことにぼく自身も、一度も不思議な感じを持ったことはなかったんだ」

彼もごく自然に相手の好意に甘えてしまったという。ところが日本に戻ってくると、自分が異国の町や村で経験したことがほとんど奇跡のように思えてくる。

「外国人の旅行者を見ると、まず関わり合いたくないと考えるのが日本人でしょう。何かのきっかけで言葉を交わしたとしても、『近所だからお茶でも飲んでいけ』なんてとても誘う気になれませんよ」

確かにそうだなあとぼくも思った。

しかもそれは、言葉の問題だけではないような気がする。

言葉以前に、訪ねてくる人間に対して煩わしさをまず感じてしまうという、冷たさがぼくらにはないだろうか。

まして相手は見ず知らずの外国人なのだ。面倒な事態に巻き込まれるのを好む人はいない。

けれども、日本に興味があって訪ねて来た外国人と何かの縁で知り合ったのなら、それもやはり「朋あり遠方より来たる」だろう。地球の広さとそこに住む人間の数を考えれば、この縁も奇跡に近い。そういう相手に対して、もう少し大らかに胸襟を開いてもいいような気がする。

ちょっと話が逸れてしまったが、「朋あり遠方より来たる」の心境を楽しめる男は、自分がどんな状態にあろうが、訪ねてくれた友人の笑顔にもろ手を上げて応えてくれるような男だ。

友はわざわざやって来た。その気持ちがホクホクするほど嬉しい。こっちはその嬉しさのままに友を迎えればいい。

そのとき何より大事なのは、「まずは一献」の気楽さではないだろうか。大袈裟な準備は要らないから、手元にあるもので友をもてなす変わり身の早さではないだろうか。話したいことは山ほどある。けれども差し向かって座らなければ何も始まらないのだから。

だからぼくらは、いつも開けっ広げで暮らしたい。風通し良く生きて、ありのままの自分や、自分の暮らしを恥じることなく生きていきたい。目の前に友がいれば、その友のために全力で楽しい時間を創り出せる男でありたい。

見ず知らずの旅人を気さくに迎え入れた人々は、おそらくそんな人生を送っている人々だったのだろう。

「何をしてもらうかでなく、何をしてやれるか」が問題

友人関係は楽しいのが一番だ。そいつといるととにかく楽しい。虚勢も駆け引きもなしに他愛なく笑い合えるという関係が一番だ。

けれどもそういう関係は、楽しく生きる者同士でなければ作れないだろう。カネやモノに執着したり、立場や体面にこだわったり、いまの自分に不平不満ばかりを抱く男には、「こいつのためなら」と思えるような友は現われない。

楽しい友人関係は楽しい人生と同じで、それを味わおうと思うなら無欲でなければならないと思う。

「生きづらい世の中になっちまったけど、まあ、お互いボチボチやっていこうや」と笑い合える男。好物のつまみが一品でもあれば、尽きることなく話題が飛び交って旨い酒が飲める男。

そういう、浮世離れした世界にすんなり浸れる男であるためには、小欲の楽しさがわかることこそ大事ではないだろうか。

何だかシミッタレた話だと思うかもしれないが、楽しく生きる男にはある種の洒脱さが備わっているのではないか。

いまさらカネやモノなんかに囚われないというだけのことで、極上の料理やワインが供されればあっさり兜《かぶと》を脱ぐ。文句なしに旨いものは旨いと認める。白木のカウンターで味わう芸術品のような寿司にも恍惚《こうこつ》とし、ふちの欠けた丼で啜《すす》る屋台のラーメンにも満足するような男なのだ。

あるいはゴルフ。現役のときのような接待とか付き合いのためのゴルフではなく、晴れた日にブラリとゴルフ場に行き、居合わせた人と無心にクラブを振る。いや、振らなくても構わない。軽口を叩き合ってそのまま帰っても十分なのだ。

つまり、自分をはめ込む型など持たず、自在に生きている男だ。友人に対しても同じで、相手の良さを素直に認める。地位や評判やカネの有無などどうでもよくて、自分を惹きつけるものや尊敬できるものがあればたちまち親密な感情を抱く。

だから、やさしくなれるのだ。その友人のために自分が何をしてやれるかをまず考える。大切な友だからこそ、「こいつのためなら」という気持ちにいつでもなれる。これも無欲の清々しさではないだろうか。

まだ四〇代で思わぬ大病を患った男がいる。自宅で突然倒れ、救急車で病院に運ばれてすぐに手術を受けたが、一週間ほどは眠ったり目覚めたりの、意識が混濁した状態だった。

その間、家族や肉親以外の者は病室に入ることも許されなかったが、意識がしっかりし始めると、ともかくひと安心という気分になった。妻や子供たちにも心配をかけた。何がどうなったのか自分でもよくわからなかったが、おそらく一番心細かったのは家族だろう。

するとベッドの傍らに腰かけていた妻が意外なことを言った。

「Kさんが手術の晩に泊まり込んで、私たちを励ましてくれましたよ」

男が倒れた夜、偶然、Kから電話があったのだそうだ。Kは男の一〇年来の友人だった。ひとりで留守番をしていた中学生の娘がその電話に出て、救急車で運ばれたことを知る。するとKは車で二時間ほどの距離を駆けつけてくれ、娘に指示して必要なものを積み込み、そのまま娘と一緒に病院に来てくれたのだそうだ。

家族が少しでも休めるようにと、待合室に毛布を運んだり、食べ物や温かい飲み物も用意してくれたのだという。

そうして手術が無事に終わると、

「もう大丈夫だから。後は退院したら教えてください」

そう言い残して立ち去ったのだという。

男はその話を聞いて「やられたなあ」と思ったそうだ。Kの穏やかな笑顔が浮かんでくる。心の底からありがたかったし、胸が詰まった。

「しかし」と男は思った。「やっぱりやられたなあ」

じつは退院したらKを驚かそうと考えていたのだ。何食わぬ顔でKを呼び、ことの顚末を大袈裟に話して快気祝いの一席を設けようと考えていた。その趣向を考えるのが、入院中の密かな楽しみになるはずだったのだ。

「こいつのためなら」と思える友がいるのは、幸せなことだ。けれどもそのためには、相手に期待してはいけない。何かをしてもらうのではなく、自分が何をしてやれるか、つねにそのことを考える男でありたい。

大切な友と過ごす時間に、楽しさ以外のものは無用

風の便りに、友人の離婚の話を聞いた男がいる。大学のクラスメート同士の夫婦だったから、男も二人のことはよく知っていた。しかしもう、随分顔を合わせていない。

「あいつがなあ」と意外な感じがしたそうだ。

離婚の原因もはっきりわからなかった。他の友人たちにも連絡はないらしい。確か中学生の男の子がひとりいたはずだ。子供は母親が引き取ったのだろう。友人は子煩悩な男だったから、おそらくそのことで淋しい思いをしているだろう。

一カ月ほどたった夜、その友人から電話がかかってきた。元気そうな声だ。出張でそっちに行くから、久しぶりに一杯やらないかと言う。男は喜んで承諾した。

それから一〇日ほどして、二人の男は数年ぶりに顔を合わせ、愉快な一晩を過

ごした。迎えた男は顔馴染みの気楽な酒場を案内し、二軒、三軒と梯子《はしご》して友人に付き合った。二人ともよく食べ、よく飲んだ。

最後はカラオケの置いてある居酒屋を貸し切りのように使って懐かしい歌を大声で歌いまくった。カラオケなんて、二人ともめったにやらなかったのに、なぜか止まらなくなってしまったのだそうだ。

宿は市内のホテルに取ってあり、男は友人をロビーまで送るとそこで別れた。

「元気でな」「ありがとう」

短い挨拶だけ交わして、二人は笑顔で別れた。

ぼくらはもう、この二人の男のように湿った感情抜きで友と付き合える。会っているときがすべてなんだから、一人ひとりが抱えている悩みや淋しさや不安など、なかったこととして楽しい時間を過ごすことができる。それが相手に対する精一杯のもてなしだと知っているからだ。若い頃はそれがなかなかできなかった。

辛そうな友人がいれば、その辛さをわかってやろうとしたり、話を聞いてやろうとした。自分が辛いときにも、わかってくれる友人を求めたり、話を聞いてもらおうとした。

それで慰められることもあったが、所詮その場限りのものか、その程度の辛さでしかなかったことに気がついてきた。

これからの人生は、どんな事態が起こっても悩まないで生きていくしかない。辛さは悩むから辛くなるのであって、淡々と受け止めれば悩みは入り込まない。自分で乗り越えるしかない。

それがわかっている男なら、友人とはひたすら楽しい時間を過ごすことができるのではないか。お互いの中にある湿った感情を、力一杯、吹き飛ばしてやることができるのではないか。

友は大切だ。大切な人間と過ごす時間に、楽しさ以外のものは無用なはずだ。

新しい友が現れる期待を、胸に秘めておく

ひとつ質問をしてみたい。

仮にあなたが五〇歳だとして、これから生涯の友となれるような人間に出会えるだろうか。答えはさまざまだと思う。

「いまいる友人で十分だ。みんなもう長い付き合いだし、気心も知り尽くしている。これからものんびり付き合っていける」

こういう考えをする人は案外、多いようだ。サラリーマンの世界は広いようで狭い。同じ会社に長く勤めればそれだけ人間関係は固定されてくるし、それに友人というのは同じぐらいの世代、同じような金銭感覚の持ち主でなければ長くは続かないという面がある。

「この一〇年で、新しい友人はひとりもできなかった。知り合って印象の良かっ

た人間は何人もいるが、そこから一歩踏み込んだ付き合いにはならなかった」

そう話す人もいる。確かに「感じのいい人」とは出会うが、仕事が絡んでいれば仕事が続いている間だけだし、誰かに紹介されてもそれっきりというのが多い。見ず知らずの人間と初対面で意気投合することはあっても、もらった名刺に改めて連絡するのは勇気が要る。

「友人と付き合ってきた年月が大事になる。そいつとはいろんな思い出があるからこれからも付き合っていけるが、新しい友人にはそれがない」

確かにそうだなあと思う。いまいる友人たちとは、長い年月の積み重ねがある。会うことはめったになくても、同じ釜の飯を食った仲としての親しみがある。それを、これから出会う人間とやっていくのは骨が折れそうだ。

ぼくは、尊敬できる友がひとりでもいれば十分だと書いた。だから、ここまでの意見に反論するつもりもない。

でも、ここからがぼくのいい加減なところで、いまからでも新しい友人はできるし、そういう友人に巡り合えたら人生は楽しいだろうなと思う。まるで突風のように、新しい友は現われてくるからだ。

いままでの友はどんなときに知り合ったか。

子供の頃は家が近くて同じ学校だった。中学や高校、あるいは大学もクラスが同じだったり、部活で知り合ったりした。

社会に出てからは会社が同じだったり、仕事を通して知り合ったり、行きつけの酒場で何度か顔を合わせて知り合った。思い出してみれば、友のほとんどは自分がいる場所にいつもいる人間だった。

けれども、そうでない友がいる。

あのとき会わなければ一生、知り合うチャンスがなかったとお互いに認める友がいる。

ある男は骨折して担ぎ込まれた病室でいまの友と知り合った。ある女性は好きな画家の個展を見に行っていまの親友と出会った。人気のない岬の突端で出会って長い付き合いが始まった二人の男がいる。生まれて初めての海外旅行で、レストランの席がたまたま隣り合って友人になった二人の女性がいる。

いまいる友人たちの顔を思い浮かべてみれば、誰にでもひとりか二人、偶然としか言いようのない出会いの友がいるはずだ。

仮にそういう経験のない人がいたとしても、不思議な出会いが自分の身に起こることを拒んだりしないはずだ。どんなきっかけであれ、出会いは出会いだ。

それによく考えてみれば、必然の出会いなど存在しない。同じ時代や、同じ場所に居合わせるというのはそれだけで偶然なんだから。

いままでの友人は大切な友人だ。彼らはいままでの人生がプレゼントしてくれた宝物だ。

でも、これからの人生もたくさんのものをプレゼントしてくれるはずだ。こだわりなく、自由に気ままに生きていけるなら、同じように自由に気ままに生きている人間と、どこかの角を曲がった瞬間に出会う一陣の風のように出会えるかもしれない。

そういうときがもし来たら、お互いに笑顔で自分が歩いてきた人生のことを話してもいい。ポツリポツリと、愉快な思い出を分け合えばいい。

リタイアした男性の隣家にはやはりリタイアした男がいた。この二人が「お互い似たような境涯ですな」と言って付き合い始めることはまずないだろう。これが女性だとすぐ仲良くなって、一緒に旅行に出かけたりするのだが。

中高年の男性の自殺が増えているが、自殺する男性は悩み事を人に相談しないという共通点がある。強風に向かって立ち尽くす孤木《こぼく》のようなものだから、いつかポキリと折れてしまう。ふだんから友達を作ろうとしないその姿勢と、関係があるのかもしれない。

いま、世の中に「この人のためなら」と思える人がいなくても、人生まだまだ捨てたものではないというひと言を言いたくて、この項を書いた。

家庭には、それぞれの世界から「外の風」を持ち寄ろう

心に「この人のためなら」と思える人を持つことで、人生の滋味が増大するということを書いている。

だが、もし、万が一、心を許し合える友達というものがひとりも存在しなかったら。そんなときでもそれを苦にすることはないということを書きたい。家族である。

まず、家族に対しては一番気楽な仲間感覚で付き合いたい。

大きくなった子供は何を考えているのかさっぱりわからないし、長年連れ添った妻もときおり理解を超える行動をする。「いったいどうなっているんだ」という疑問を持つことはしばしばあるが、それはお互い様なのだろう。向こうもこっちのことがときどきわからなくなるはずだ。それが家族というものであり、夫婦

というものの一般的な姿なんだと思う。

その意味では、男にとって友人のほうがわかりやすい。年齢も近いし同じ男同士だし、趣味が合ったり価値観が似ていたりする。

しかし友人はたまに会うから楽しいのであって、一緒に暮らそうとは誰も思わない。アバヨと別れる瞬間が、もしかすると、友人と過ごす至福の瞬間なのかもしれない。

その点で、家族というものはどうしようもない。昼間は家にいないサラリーマンでも、休日や夏休みに家族と終日一緒に過ごせば、「やれやれ」という気分になるはずだ。

そういう日々がいままでに何度もあったし、これからも続く。アバヨと言って別れるわけにはいかないし、仮に実行したとしても肉親同士の感情は残る。

そこでぼくはこう思う。無駄な抵抗は諦めて家族を同居する〝仲間〟だと思ったらどうか。子供は年の離れた仲間、妻は別の世界を持った仲間。しかし友人よりははるかに裸の付き合いを要求される仲間だ。庭先に家族全員のシャツやパンツが並んで干してあるのを見て、「家族の前では格好つけても無駄だな」と思わない男はいないだろう。

ひとつ屋根の下に暮らす仲間同士にとって、遠慮ぐらい疲れるものはない。妻に来客があってテレビの前でおしゃべりが始まると、観たい番組があるのに散歩に出てしまう夫がいるそうだが、うるさいから逃げ出すのならともかく、どうしても観たい番組ならドッカと座り込んでいいはずだ。それがワールドカップの好カードなら、ひとりでビールを飲み始めてもいいじゃないか。


とまあ、話が脱線してしまったが、楽しく生きようと思えば家族との仲間意識もまた、ざっくばらんでこだわりのないものにしたほうがいい。遠慮は無用というのは、家族ぐらいはせめて、本音で付き合える仲間でありたいからだ。

家族が風通し良く付き合っている限り、その中のひとりだけが大きな不満を抱え込むということはなくなる。

言いたいことがあっても言えない。あるいは周囲が聞こうともしない。声もかけないという関係が家族の中に持ち込まれてしまうと、ひとつ屋根の下で暮らす仲間同士という関係はガラガラと崩れる。そうなってしまうと、家族はどんな集団より煩わしくて気の重い存在になってしまう。

家族の風通しを良くするためには、それぞれに大切な役割がある。

外の風をどんどん入れてやることだ。夫や妻や子供にもそれぞれの世界があるから、そこから風を入れればいい。「家族が何より大事」と小さく固まって暮らすのは、傍目には麗しいかもしれないが不自然だ。正しいことかもしれないが、息苦しい。

年齢も世界も違う男や女が、朝には散らばって夜には集まってくる。そういう不思議な仲間が家族なんだから、顔を合わせたら狩猟時代のようにお互いの〝獲物〟を披露し合うのが楽しいのではないか。

そういう雰囲気の中で、ドジや失敗も笑いながら話せる家族がいい。

リストラされたことを家族に言い出せず、毎朝あてもなくスーツ姿で家を出るといった話は、「サラリーマンの悲哀」というより「家族関係の悲哀」だろう。

さっきの自殺の話だが、妻に理解される男性は自殺を思いとどまるそうだ。「おカネなんて要らないわ」「一緒にがんばりましょう」。妻のこうしたひと言で男はホッとする。

日本の男性には妻に「母親的」な役割を期待する傾向がある。無意識に心の支えになって欲しいと思っているのだ。歳を取ってから離婚すると男は気弱になると言うではないか。

だから、家族という仲間に対しては遠慮が無用なのと同時に隠し事も不要になる。ひとつ隠せばその周辺も隠すことになる。ウソがバレないようにウソを重ねるのと同じで、小さな隠し事から家族関係の息苦しさが始まると言っていいはずだ。

いずれにしろ家族はフランクな関係がいい。知らない間に心の奥のほうにどかんと居座っているというのが理想ではないだろうか。本音で付き合える大切な仲間だからこそ、いざという時にはわが身を投げ出して守ってやれるのではないだろうか。

同居でも別居でも——夫婦が大切にすべきこと

家族はいずれ、離ればなれになる。子供は家を出て行くし、妻とも若い頃よりはあっさりした関係になっていく。

そのことでまたしても脱線気味の話になるが、これからは夫婦の関係もそれぞれの生きたいように生きるという関係で構わないと思う。

別に離婚しようというのでなく、老いても寄り添うように暮らすのが夫婦のあるべき姿だという思い込みは、ときによっては捨ててしまってもいいのではと思うからだ。離れて暮らしても、心の中にいればいいのだ。

もちろん寄り添って暮らす夫婦でもいい。仲のいい老夫婦は現実にいるし、同じ趣味や価値観を持ち、根底で気持ちの通じ合った夫婦がわざわざ離ればなれに暮らす必要もないだろう。

しかし、本当に気持ちの通じ合った夫婦なら、離れて暮らしても何の淋しさもないのではないか。

子育てが終わってしまえば、男も女も自分の時間や自分の人生を楽しみたくなるはずだ。お互い、身体が元気なうちこそ生きたいように生きるのもいいのではないか。

子供の大学入学を機会に、別居に踏み切った夫婦がいる。

どちらもまだ五〇代だった。周囲は別居と聞いただけでいち大事と受け止めたが、本人たちにはそんな深刻さなど少しもない。

別居の理由は単純で、一匹の老犬だった。夫が子犬のときから可愛がってきた犬だ。それがもう十数年もたって、足腰が弱ってきたことがはっきりわかる。夫はその犬を最後まで看取るつもりでいた。

妻は別に犬が嫌いではなかったが、夫ほど可愛がったわけではない。犬はそのあたりの気持ちがわかるらしく、夫に対する態度とは明らかに違う。

それから妻は故郷の町の暮らしが恋しかった。幼馴染みがいまでも何人か住んでいる。両親は亡くなったが、思い出のたくさん詰まった町だった。あの店、あの道と思い出せば懐かしさで胸が一杯になってくる。

別に遊びたいわけではない。しばらくの間でいいから、気ままな時間を過ごしてみたいというのが望みだった。ひとり息子が家を出たことで、ポッカリと気持ちに隙間ができたせいかもしれない。

妻は夫にその望みを告げた。夫婦が住む町と、妻の故郷はずいぶん遠い。

「それなら別れて暮らすか」

夫はそれしかないだろうと考えた。老犬を看取るのは自分の役割だし、家には広い庭があっておとなしくなった犬を自由にさせることができた。

仕事は役所勤めだったが定年まではあと二年。せめてその間ぐらいは老犬のそばにいてやりたかった。

そういうわけでこの夫婦は別居した。気持ちが離れたわけではない。お互いに自分が必要とする世界に暮らしただけのことだ。

犬好きの夫は夜になると老犬を家の中に入れる。ひとりと一匹分の食事を用意すると、老犬にときおり話しかけながらのんびり酒を飲む。寝るときは自分の隣に毛布を敷いて老犬と並んで寝る。妻は犬を家の中に入れることだけは嫌がったのだ。

朝は明るくなると起き出して、近くの川縁をゆっくりと散歩する。

妻はかつて実家があった近くの市営住宅に住み、幼馴染みとお茶を飲んだり町を散歩したり、近くの浜辺に出かけて小石や貝殻を拾っている。中古の軽自動車を買って、ずっとペーパードライバーだったが少しずつ遠出も楽しむようになってきた。

二人ともゆったりとくつろいでいる。十分に幸せなのだ。

そして二人とも、お互いのことを忘れない。夫は老犬に妻のことを話す。妻は運転の勘が戻るたびに、いつか突然に夫を訪ねて驚かしてやろうと考える。こういう夫婦の在り方も、なかなか素敵じゃないかとぼくは思う。

五〇代からは、家族とも「つかず離れず」がいい

遠慮も隠し事も不要なのが家族だと書いたが、言うまでもないことだが、男の空威張りを勧めているわけではない。

かつての父親には威厳はあっても〝家事能力ゼロ〟というタイプが多かったが、ぼくらの世代の男たちはそれほどひどくないはずだ。料理好きの男は珍しくないし、洗濯でも掃除でも電化製品任せでいいのだから少しも面倒ではない。

その代わり、家族がいれば家族にベッタリと寄り添う男が増えてきた。これはぼくの気のせいかもしれないが、かつての父親のようなわがままで放埒《ほうらつ》な男はめっきり少なくなり、みんな妙に「良き夫」や「良き父親」を目指すようになってしまった。

正月休みが明けて歳若い知人とあれこれ話しているときに、年賀状の話題にな

った。そのとき、彼がこんなことを言った。

「毎年、飽きもせずに子供の写真の賀状を送るやつがいるんです。ぼくは他人の子供になんか少しも興味がないんだけど」

さすがにぼくと同世代の友人はそんな年賀状も出さなくなった。でも彼が言うことにも覚えがあって、以前はそういう賀状が何通か混じっていたものだった。ところがこの知人に言わせれば、ちかごろはめったやたらに多いのだそうだ。歳若いとはいってもこの知人は四〇歳になる。

「結婚したての若い夫婦に初めての赤ちゃんが生まれたときぐらいなら我慢できますが、それがそのまま小学生、中学生になっても続く。他人の子供のアルバムを無理やり見せられているみたいで、ウンザリしますよ」

それでぼくも気づいたことがある。

最近は何だか、大人同士の会話に家族の話題を持ち込む男が増えてきたように思うのだ。

小さな子供がいて、問われるままにその子のことを相好を崩して話すのなら可愛いが、どんな会話にもチラチラと家族の話を出されるのも困ってしまう。

子供の学校のこと、家族旅行のこと、休日の計画、果ては妻の手料理の話まで持ち出されても、こっちは「ホウ」とか「ヘエ」と頷いているしかないからだ。


現代は男が仕事一筋から家庭に目を向け始めている時代だという。そのこと自体は少しも悪いことではないが、〝仕事依存体質〟が〝家族依存体質〟に変わるだけならかえって淋しいのではないか。

なぜなら、繰り返すようだが家族は変わっていくからだ。子供は成長し、妻も自立しようとする。

男には自分が家族を支えている、守っているという自負があるかもしれないが、そんなものを恩に着せても子どもや妻は気にも留めない。好きなように、やりたいように自分の人生を作っていくだろう。

だとしたら、男も家族にはつかず離れずで、いいのではないか。

何より大事なのは自分が楽しく生きていくことだ。家族と過ごす時間をどんなに大切にしている男であっても、同じように自分だけの世界や、友人や、仕事や遊びを大切にしたい。家族のことなど入り込む余地がないほどに、目の前の世界や人間に没頭できる時間を持ちたい。

そういう時間を持てた男が、足取りも軽く再び家族の元に戻る。その繰り返しでいいのではないか。外にあっては外の世界、内にあっては内の世界を大切にすればいいのだ。

家庭とは、そういう男や女や、大人や子供が、ある一定の年月を共に過ごす場所なのだろう。だからつかず離れずでいい。その距離こそ、家族への仲間意識を失うことなく、いつでもそこから自由になれる距離ではないだろうか。

子供が親離れしていく、その「とき」を見極める

冒頭、「友人はたまに会うから楽しいのであって、一緒に暮らそうとは誰も思わない」「その点で、家族というのはどうしようもない」と書いた。

だが、いつか子供は家を出ていってしまう。「親とはたまに会うから楽しいのであって、一緒に暮らそうとは思わない」というのが子供の本音だろう。だったら、子供とはいずれ友人のように付き合うしかない。そのほうが爽やかだ。

ひとり娘を溺愛している男がいた。高校生になっても、「目の中に入れても痛くない」と友人たちに自慢していた。いまどき古臭い言い回しだが、そこまで言われれば周囲は冷やかす気にもなれない。

良くしたもので、その娘も父親を慕っていた。素直でやさしくて、妻が呆れる

ぐらいの父親思いの娘だった。

けれども大学進学が決まると、娘は家を出てしまった。一家が暮らすのは地方の町だったし、娘が選んだ大学は東京にあったからだ。家から通える距離にも大学はあったが、彼女が志望するコースはなかった。

父親はどれほど気落ちしたかと説明したいところだが、妻や友人も不思議に思うほど淡々としていた。アパート探しも娘に任せ、入学式にも出ず、何でもなかったように暮らしていたという。

娘が家を出て二カ月ほどして、男に出張の仕事ができた。行き先は東京で一泊の仕事だった。そのことを夫から告げられた妻は、娘への土産を託そうとした。宅配便で送れば済むことだが、たぶん夫は無理をしていると考えたからだ。娘が大好きだった老舗の和菓子を持たせれば、夫は喜んで娘に会いに行くだろう。

ところが夫は「要らない」と言う。

「恋しくなったら帰ってくるさ。そしたら好きなだけ食べさせてやるよ」

そう言ってカラカラと笑ったそうだ。

親の子離れは、子の親離れと同時進行になる。子供が少しずつ親離れの素振りを見せたときが、親の子離れの始まりになるのだろう。

それが早い親子もいれば、ゆっくりと訪れてくる親子もいる。いずれにしろ間違いないのは、子はいつか親から離れていくということだ。

ぼく自身の感情を言えば、親子がベタベタするのはあんまり好きじゃない。子供を可愛いと思う気持ちは世間並みにあるが、向こうがある年齢になって勝手に離れていったら「じゃあな」という感じでこっちも離れていく。家族は仲間なんだから、いつ離れても、いつくっついても構わないと思う。

恐らく、いまの話に出てきた男もそうなんだと思う。娘を溺愛しつつ、その娘が離れていくときを穏やかに待っていた。

娘が自分の意思で自分の進路を選んだ瞬間に、この男は淋しさより晴れ晴れとした気分になったのだろう。「ちょっと時間がかかったけど、おれはおれで楽しかったよ」とつぶやいたのではないか。

子供の親離れにはさまざまな形や時期がある。親はそのときを静かに見極めるしかない。ときが来れば、引き留めても親から離れていくだろう。追い立てなくても自分からサッサとどこかへ行ってしまうだろう。そういうときが来たら、朗らかな気持ちで子供に手を振ってやりたい。「さていいよ、おれもどこかに出かけるか」と、身軽になった自分を喜べばいいのだ。

どこに行こうが、心の中にいればいい。姿は見えなくなっても深い絆で結ばれている。それが家族という関係ではないだろうか。

6章

人生のことは「一炊の夢」と悟ろう

人生は「一炊の夢」だからこそ、楽しく面白い

後半生は孤独を受け入れる人生になる。いずれは会社を辞め、仕事を辞めるのだから周囲の人間関係が淋しくなるのは当然だし、友人たちも歳を重ねていく。

家族も同じだろう。子供たちはやがて、それぞれに自分の家庭を持つ。妻はいよいよ元気になって自分の人生を楽しむだろう。

しかし、孤独という言葉を持ち出すなら、人間はみな孤独になっていくのではないか。男の人生に、群れ集まって浮かれ騒ぐ時期はほんのひとときしかない。

気がついてみると、大切なことは自分ひとりで考え、自分ひとりで結論を出すようになってきた。後半生を迎える男たちはみな、いつのまにかひとりで生きる決心を身につけてしまったのではないか。

だから孤独を受け入れることに淋しさを感じる男はいないはずだ。ごく自然の

成り行きでしかないからだ。

これからの人生には、足元にポッカリ穴が空くように、自分の存在が頼りなくて小さなものに思えるときがしばしばやってくる。

たとえば「死」について考えるとき。あるいは身近な人間の「死」と向き合ったとき。あるいは思いもしなかった病いに倒れたとき。

いずれの場合も、ある種の諦観が生まれてくるのではないか。三〇代、四〇代なら頭から振り払えた不安が、決して他人事ではなくなってくるからだ。

もったいぶった言い方に思われるかもしれないが、人生のことを静かな気持ちで考える時間が、後半生にはしばしば訪れるような気がする。

けれどもぼくは、そういう静かな気持ちの時間にも、楽しく生きる決心は必要だと思う。

倒れるときは倒れるし、死ぬときは死ぬ。誰でもそうやって人生のゴールに近づいていった。ぼくらも同じことを経験するだけだ。

そこに淋しさを感じたとしても、いままでの人生がそうだったのだ。楽しいときや辛いときがあった。五〇年の人生を振り返っただけでも、いろいろなことがあったはずだ。

それを思い出したときに、改めて驚くのはほんの一瞬で済んでしまうということだ。

ディテールを掘り起こせば取りとめもなく記憶は蘇る。しかし、これまでの人生を一瞬で思い浮かべることは誰にでもできる。

まったく不思議だが、人生のことは「一炊の夢」(盧生《ろせい》という人が道士の枕を借りて眠ったところ、一生の栄華の経歴を夢に見た。覚めてみれば、それは粟飯も炊き上がっていないわずかな時間に過ぎなかったという。人間の一生の栄枯盛衰は一場の夢に過ぎないということのたとえ)と悟ってしまうのだ。

「病気」や「別れ」や「死」は、後半生にとって避けられない体験になる。けれども人生のことは「一炊の夢」と悟ったとき、そのいずれが身近に迫ったとしても、ぼくらは平静な気持ちを失わずにやっていけるのではないか。

わが人生、軽いと言えばこんなに軽いものはない。けれども自分の人生を楽しみ尽くすことで、ぼくらは愉快な気持ちで孤独を受け入れることができるはずだ。後は「一炊の夢」と微笑むだけでいい。

「楽しい人生だった」と最後に思えたなら、それでいいのではないか。

病気になったら治せばいい

四〇代あるいは五〇代になってくると、病気が他人事ではなくなる。知人や友人をガンで亡くすのは珍しくないし、集団検診を受ければまずほとんどの人が、身体のどこかしらに数値の異常が見つかる。精密検査を命じられて結果が出るまで不安な日々を過ごしたりする。

この年代にとって病気はリストラと同じで、人生終盤の詰めを狂わせてくれるから大いに困る。風邪をひいてもおちおち休んでいられない時期に、命に関わるような大病を患ったり、長い療養生活を強いられるようでは完全に落ちこぼれてしまうからだ。

しかも、ガンのような重大な病気が増えてくる。働き盛りが突然の入院となれば、周囲の人たちは「悪い病気」を想像するが、それがしばしば的中してしまうから怖い。

ふだんから病気がちの人間はそれなりに自分の身体に気を遣うが、仕事中毒の人間ほど自分の頑健さを過信するきらいがあるようだ。

ぼくは病気にはいいところがひとつだけあると思っている。それは、かかったら治すしかないということだ。何はさておいても治療に専念するしかない。手術が必要なら手術、入院が必要なら入院するしかない。

あれこれ計画や予定は狂ってしまうが、人生の一時期に有無を言わせず割り込んできたオフタイムと諦めるしかない。


こういう時間は、自分ではなかなか取れないものだ。リストラや倒産もオフタイムと割り切れないことはないが、食うためには仕事を探さなければいけない。仕事が見つからないとしても寝て暮らすわけにはいかない。

その点で病気というのは、かかったら誰でも素直に病人になるしかない。入院や療養生活を言い渡されたら、これも素直に従うしかない。ジタバタしてどうなるものでもないのだから。

ちょっと話が飛ぶが、昔の人はさまざまな病気であっけなく死んでいった。二〇代、三〇代の若さで突然発病し、成す術もなく命を奪われる例が無数にあった。

壮絶な人生としか言いようのない生涯もたくさんある。若くして亡くなった芸術家の中には、たった二〇年や三〇年で自分の才能をすべて燃焼し尽くした人間が大勢いる。

でも、彼らの人生は彼らが選んだ人生だ。生き急ぎ、性急に自分を追い詰めていった人生だ。そこに後悔はなかったと思いたい。

その一方で、長い療養生活を送った人たちがいた。一〇年、二〇年という気の遠くなるような長い時間、ベッドに横たわって安静に過ごすしかなかった人が大勢いた。

その人たちが、世を儚《はかな》んだり自分の病を恨んだかどうか。そういう気持ちに襲われたことは幾度もあったと思うが、病の中にあって生きていることの楽しさを必死で求めたはずだと思いたい。

ぼくらはその点で、のどかな人生に恵まれた。もし病気になったとしても、ひと休みの時期がそろそろ巡ってきたなと思えばいいのではないか。

人生のことは「一炊の夢」なのだから、病気もまた一瞬の光景としてとどまるだけだ。穏やかな気持ちで受け止めるしかないはずだ。

気を張った生き方は、そろそろ卒業しよう

いつ会っても元気で機嫌のいい男がいた。酒も良く飲むし、料理にも好き嫌いがなくて健啖家《けんたんか》だ。

そういう男がしばらく友人たちの前に姿を見せなくなり、どうやら身体が悪いらしいという噂が流れた。

それからまたしばらくたって、男はまた元気な姿で登場した。ただし、誰の目にも痩せたのはハッキリわかる。それでも元気に見えたのは、この男が以前と同じように明るくて機嫌が良かったからだ。

その代わり、酒は飲まなくなった。大勢で賑やかにやるときも、ワインをほんの一杯飲めば後はお茶に切り替えてしまう。料理も以前のように出されたものをパクパク食べるということがない。

ただし、冗談好きで話題が途切れないのは以前と同じだった。飲むことや食べることに控え目になっただけで、後は何も変わっていない。

話を聞いてみると、かなりひどい糖尿病だったらしい。疲れやすくなり、その疲れがいつまでも抜けないので、軽い気持ちで医者に診てもらった。栄養剤でも打ってもらえば治るだろうと考えたのだ。

医者は即入院を命じた。半月近い食事療法を受けて、血糖値がどうやらイエローゾーンまで下がったので退院を許可された。

じつはそこからが苦しかったのだという。小さな会社を経営していて、毎晩のように誰かと会っていた。仕事が絡む場合もあれば絡まない場合もある。いずれにしろ会えば酒になり、旨いものでも食べようということになる。そういう生活からまず抜け出さなければいけない。

しかも彼の場合、人恋しさがいつもつきまとっていた。淋しがり屋というのか、仕事が終われば誰かに会いたくなったり、賑やかな場所に身を置きたくなる性分だった。

「飲み食いは身体のことを考えれば我慢できた。でもこの性分を変えるのには時間がかかった」

そこで彼は自宅にこもってアルバムの整理を始めたのだそうだ。三〇代の頃までは写真を撮ればすぐにアルバムに整理していたが、次第に面倒になってプリントした写真も袋詰めのままだった。

子供が大きくなると家族の写真もたまにしか撮らなくなっている。五〇代になってからは写真を撮ることも撮られることもめっきり少なくなった。だから、整理する写真は四〇代の頃のものが多かった。

それを一枚一枚アルバムに貼りつけていくと、当時のことがあれこれ思い出されてしまう。「そう言えばこんなこともあったんだな」と、つい一枚の写真に見入ってしまうから作業はなかなか進まない。

そのうち彼は、自分の顔つきの変化に気がついたそうだ。四〇代のある時期までは、なかなかシャープで精悍な顔をしている。

それから少しずつ丸みが出始めている。五〇代に入ってから最近までの写真は、頬の肉にもいくらか弛《ゆる》みが見られるようにさえなっている。太ったというよりは、どこか不健康で浮腫《む》《く》んだ顔つきだった。

「たぶんこの頃から、おれの病気は始まっていたんだな」

それがちょうど、勤めていた会社を辞めて独立した時期と重なっている。彼の中にも頷くものがあった。当時は気が張り詰めていたし、その高揚感のままに盛んに人と会い、酒の量も増えていったのだ。

「もういいか」と彼は思ったそうだ。アルバムの整理を続けているうちに、気を張った生き方はそろそろ卒業しようという気持ちになってきたという。

友人には会いたくなったら会えばいい。誘われて気持ちが動いたら出かけて行けばいい。油断すればたちまち病気はぶり返すだろうから、少しおとなしく暮らしてみよう。

彼がそんな気持ちになったのは、もうひとつ理由がある。いまの自分の顔から、ひと頃の浮腫みが消えて以前の精悍さがほんの少し戻っていたことだ。これは嬉しかった。

四〇代の頃に比べれば老け込んでいるのは間違いないが、その分、穏やかさも生まれている。

「病気もわが身の内だな」

節制を怠らないことで、いまの自分に愛着が持てるのならそれもいい。そう割り切れたときに、彼は初めて気分が晴れたそうだ。

まさに「一炊の夢」から覚めた気持ちだった。友人たちに久しぶりに姿を見せたのは、そんな経緯の後だったという。

別離は過去を水に流して、温かな気持ちで

別れに馴れてくると、人生はそういうものだという妙な達観が生まれる。サヨナラだけが人生さと嘯《うそぶ》いて、自分の感傷を塞ぎ込もうとする。

けれども、数十年生きて改めて誰かと別れることは淋しいことだ。どんな理由、どんな経緯があろうと、ひとときを楽しく過ごした思い出のある人間と別れることは、淋しいと素直に認めてもいいのではないか。

もちろんベタベタした感情は要らない。去っていく人間とは爽やかに手を振って別れたい。自分が去る場合でも同じで、わだかまりなくサヨナラしたい。

ぼくが言いたいのは、たとえ嫌な感情を持った相手であっても、別れるときには温かな気持ちで別れようということだ。グッドラックと、胸の中で小さくつぶやいてみようということだ。

なぜなら、もうこれからは別々の世界で生きるのだ。相手が去ろうが自分が去ろうが、その人との付き合いは過去のものになってしまう。過去のことはもうどうでもいいのだから、別れのときにはせめて、温かな気持ちを取り戻したい。

突然に家業を継ぐことになって、二〇年勤めた会社を辞めた男がいる。彼は職場で開いてくれた送別会の席で、ひとりの同僚が直接語りかけてくれた言葉が忘れられないという。

「キミとはいろいろあった。でもとにかく、ぼくがいままでに迷惑かけたことを謝らせてくれ。申し訳なかった」

迷惑の内容がどんなことなのか。彼にはすぐに思い浮かばなかった。けれども、同僚の気持ちは真っ直ぐに伝わってきた。決して仲のいい相手ではなかったのだ。むしろ陰に日向にぶつかることの多い相手だった。同期の入社で、最初は気の合う職場の友人だったがいつ頃か反発し合うようになっていた。

だから、迷惑という言葉を出すならお互いさまだった。職場を去る男にも、この同僚に対する屈折した感情が残っていたからだ。

それなのに、相手のほうから素直に頭を下げられてしまった。もう二度と会うこともないだろうから、よそよそしい言葉のやり取りでも構わないのに、最後の場面で相手は頭を下げてきたのだ。

「やられたなあ」と男は思ったそうだ。自分が卑小な人間にさえ思えてきたそうだ。胸にあったしこりは一瞬で溶けてしまい、同僚に対して明るい気分で笑い返すことができたという。

「ぼくのほうこそ、申し訳なかった」

そうひと言返事をしたとたん、二人の男の間にたちまち親密な感情が蘇ったという。

ありそうで、めったにない話だと思う。嫌な感情を抱き合う者同士が、別れを喜ぶことはあっても悲しむことはない。もう会うこともないのだから、和解する必要もない。

でも「一炊の夢」と悟れば、あれも些事、これも些事だ。それならせめて、別れのときぐらい温かな気持ちを取り戻したい。去っていく相手や自分に対して、過去は水に流してグッドラックと声をかけてやりたい。

それができる男こそ、新しい人生を楽しめる男ではないだろうか。

「群れない、狎《な》れない」と心に決めておく

楽しく生きようと思ったら、心の中に一枚、切り札があればいい。

自分を退屈な世界にズルズルとしがみつかせるものや、新しい世界に飛び込もうとする気持ちを逡巡させるものを、その切り札一枚であっさりと断ち切ることができるからだ。

「群れない、狎れない」

このカードだけは、いつでも懐深く秘めておきたい。

ぼくは別れというのは必然だと思っている。すべての出会いは偶然なのだから、出会いの積み重ねが人生を作るとしたら、人生は偶然の産物になってしまう。すると、楽しく生きるか不愉快に生きるかも、偶然頼りになってしまう。

不愉快に生きる人はたまたま不愉快な出会いを重ねてきたからであり、そうい

う人から見れば楽しく生きている人は運が良かったということになる。

これでは人生、すべて運になってしまう。

けれども別れは自分の意思で選択できる。嫌な世界に捕まってしまったのは偶然だとしても、さっさと抜け出せば別の人生が開けてくる。いい人に囲まれてホカホカと暖かく過ごしているとしても、そこから飛び出せば冷たい風が気持ちいい。

いずれにしろ、別れることで新しい人生が始まる。これを活用しない手はない。「群れない、狎れない」というのは、いままでにも何度か書いてきた。「人は人、自分は自分」というわかり切ったコトを、ぼくは繰り返し書いてきた。そのダメ押しとして、どんどん別れようと言いたい。

自分の思うように生きられない、毎日を心の底から楽しめないという人は、別れ下手ではないか。出会いに任せて生きているだけで、その出会いを大切にすることが自分の人生だとは思っていないか。偶然の出会いなんて掃いて捨てるほどあるのだから、息苦しくなったら捨てるしかない。

自分の人生を大きなサイクルは一〇年単位、小さなサイクルは一年単位で見直すんだと言った男がいる。大きなサイクルは、その一〇年の目標をどこに置くかで変化していく。

二〇代は挑戦、三〇代は勉強、四〇代は実現、そして五〇代を迎えたいまは遊び。

これを仕事に当てはめれば二〇代はとにかく何にでも体当たりでぶつかっていった。

三〇代はエキスパートとしての経験を重ねた。

四〇代になって、その積み重ねた力をもとに自分のプランを実行していった。

五〇代になって、今度は仕事の中に楽しさや工夫や発見を求めるようになった。

「と言えば格好いいけど、まあ後で考えればそういうサイクルになっていたということだ」と彼。

だから、この一〇年単位のサイクルについては四〇代の後半になって気がついたのだそうだ。

言われてみれば確かに、人間のサイクルというのはそうなっている。ぼく自身の仕事を振り返ってみても、だいたい彼の言うサイクルは当てはまる。

けれども面白いのは一年単位のサイクルだ。この短いサイクルで彼は何を変えていったのか。「群れ」との付き合い方だという。

「一年付き合えば、どんなグループでも馴れ合いになってくる。職場でも、行きつけの酒場でも、趣味の集まりでも、だんだん居心地が良くなって、メンバーが固定されてくる。するとそこから離れにくくなる」

彼は自分がそうなったときに群れに甘えてしまう性分だということがわかっていた。二〇代の頃からそれに気がついていたという。

「楽しいことなんかひとつもなかった。惰性で付き合っているだけで、退屈でしょうがなかった。でもそこから抜け出せば自分の行き場所がなくなるから、ズルズルと居座った」

ただの遊び仲間だったが、最後はその群れの中でつまらないことからトラブルが起きて散り散りになった。そのときつくづく、もうこんな付き合い方は止めようと思ったそうだ。

一年というのは、馴れ合いの生まれ始める頃だという。グループにそんな気配が出始めたなと思ったときに、彼はそこからひとりで別れてしまう。

距離を置くだけのことだから、何の手順も挨拶も要らない。まだ甘え合う関係までは生まれていないから、一人ひとりとはそれからも気楽に付き合っていける。

とにかく群れない、狎れないと決め、それを実行してきたことで、人生の風通しが格段に良くなったという。やってみたいことや、興味を惹かれた世界に気楽な気持ちで近づいていくことができる。

自分のそんな生き方を理解してくれる人間が、尊敬できる友としていまも残っている。それで十分だと、彼は思っているそうだ。

こういう生き方を、「無理しすぎじゃないか」と思う人もいるだろう。ときには流れに任せても、自分が他人に甘えさえしなければいいのでは、と思う人もいるだろう。

でもぼくは、自分の弱さを認める人間ほど「群れない、狎れない」という決心を秘めることは大事だと思う。

楽しく自由に生きるためには、他人と別れることを恐れない。どうせ人生のことは「一炊の夢」なのだ。

無数の別れも一瞬の残像に過ぎない。最低限、それだけの勇気は持ちたい。

楽しんで生きれば、楽しんで死に近づける

「最愛の人が死んだ日にも、人間は晩飯を食う」

と言ったのは、いまは亡き作家の山田《やまだ》風太郎《ふうたろう》だ（『人間臨終図巻』）。まったくその通りで、身近な人間の死がどれほど悲しくても、生きている人間には毎日、やらなければならないことがある。死んでしまった人のことをいつまでも悲しんでいるわけにはいかない。

このことは、自分が死んでも同じなはずだ。死んだ人はもう、何もやることがなくなった人。

生きている人は、毎日、いろいろなことをやらなければいけない人。死と生にはそういう区別も成り立つだろう。

この本の最後で、死について考えてみたいが、ぼくの立場としてはこの問題で

悩んだりはしない。

誰でも死ぬのだから、僕らも大丈夫、ちゃんと死ぬ。死をどれほど恐れても、みんなちゃんと死んでいったのだから、ぼくらにもできないことはない。


それから人間は死ぬときに変なことを言ったり、取り乱したりするらしい。「死ぬときには安らかな気持ちで」と願っても、無様な姿を晒したらどうしようという不安も無用なようだ。

夏目漱石は持病の胃潰瘍が悪化して四九歳で死んだ。その時、漱石は新聞に『明暗』を連載していたが、この作品はとうとう未完になってしまった。

死の直前に漱石はひどく苦しみ、看護婦に自分の胸を開いて「早くここへ水をぶっかけてくれ。死ぬと困るから」と懇願したそうだ。

これが文豪・夏目漱石の最期の言葉ということになっているが、「死ぬと困るから」というのは漱石にあるまじき言葉ではないかと、後で問題になったのだそうだ。ぼくらのような凡人が、死の直前にうろたえたとしても気にしなくていいのではないか。

ただし、「死ぬと困るから」と言った漱石の気持ちは、彼の年齢を考えれば痛いほど伝わってくる。四九歳の漱石には一七歳の長女を筆頭に六人もの子供がいた。

ぼくらが今日にも死んだとしたら、やっぱり困るだろう。子供がまだ小さかったり、やりかけの仕事が残っていたり、残された人生にたくさんの楽しみが待ち構えているはずだからだ。

近い将来の死については、絶対にないとは言いきれないが、考えないという態度しか選べない。事故なら偶然だし、病気なら治療するしかないのだから。

遠い将来の死に対しても同じだろう。長く生きていけばそれだけ死に近づく。わが人生を楽しんで生きることができれば、それだけ楽しんで死に近づける。

そういう人生が送れるなら、誰も死を恐れないで済むはずだ。楽しく生きることはそのまま、楽しく死ぬことにつながっていく。「一炊の夢」に微笑を浮かべて死ぬ男が、一番幸せな人生だったのではないか。

日頃から、気持ちの中に「遺書」を一通

数十年生きてくると、肉親の死や友人、知人の死を何度か経験することになる。若い頃には祖父母の死。最近になって自分の両親や義理の父母を亡くした人もいるはずだし、三〇代の頃から、ポツンポツンと同級生の訃報が入り出す。四〇代、五〇代になれば、身近な友人の突然の訃報にショックを受けることもある。

いまはもう五〇代半ばになったが、一〇年ほど前に仲の良かった友人を突然に亡くした男がいる。

報せを受けたときのショックは大きかった。なぜなら、その友人の習慣で遅い年賀状を受け取ったばかりだったからだ。

賀状にはいつもと同じように今年の抱負が書いてあった。そろそろ旅がしてみ

たいとか、元日の朝のジョギングが気持ち良かったと書かれていた。

健康で快活な友人だった。それが、仕事始めの日に家を出て、駅に向かう途中に倒れたのだそうだ。心筋梗塞で、意識を戻すことなくそのまま病院で亡くなったという。

友人の葬儀の日、男は沈んだ気持ちで会場を訪ねて不思議な感動を味わったという。住宅地の一角にある集会場が葬儀の場だったが、見事に簡素で静かだったからだ。

入り口には花輪も何もなかった。受け付けもないし、記帳する場所もない。

参列者は大きな籠に入った生花の中の一本を手にして、故人の遺影の前に捧げて祈るだけ。それが済めば、もう何もすることがない。見覚えのある友人の両親に頭を下げると、彼は「あいつらしいな」と思いながら会場を出たという。

それから駅に向かって歩いたが、ふと考えてしまったのだそうだ。

突然の死だったから、おそらく遺言も遺書もなかったろう。けれども、たったいま出たばかりの葬儀は、いかにも友人が望みそうな簡素なものだった。形式も宗教も何もなし。ただ別れを惜しむ人間が寄り集うだけの場所。まるで静かな墓地のような葬儀だったのだ。

「いったい誰が、ああいう葬儀の形を思いついたんだろう」

そう考えているとき、ポンと後ろから肩を叩かれた。久しぶりに会う、これも仲のいい友人だった。

男はその友人に自分の疑問を話してみた。彼も同じことを考えたと言う。

「でもな。もしおれたちがあいつの葬儀を取り仕切ることになったらどうする。あいつの生き方や、考え方を汲んでやろうと思えば、やっぱり同じような葬儀にしたんじゃないかな」

友人のその言葉を聞いて、彼も納得したそうだ。亡くなった友人の、儀礼的なものを何よりも嫌った横顔が浮かんできたからだ。

ある年齢、ある状況になったら、遺書も必要かもしれない。実際に、葬儀の段取りまで事細かく指示した遺書を残す人は大勢いる。

しかしそれより大事なのは、自分の生き方や考え方を周囲の人間にはっきりと知ってもらうことかもしれない。

ふだんから明快な態度で、自分の人生について語ることかもしれない。それが、その人の遺書になるからだ。そういう意味では、ぼくらもそろそろわが人生の遺書を胸に秘めてもいい。

それができれば、静かな気持ちで、自分の人生を「一炊の夢」と悟ることができるからだ。

歳を取るとは、身軽になること

歳を取ることは身軽になることだ。いつ死んでも不思議がないぐらい歳取ってしまえば、ただニコニコと笑うか眠っているか、いずれにしろ周囲の人間にもひたすら軽い存在になってしまう。

生きているだけで家族に喜ばれるおじいちゃんやおばあちゃんというのは、もしかすると一番の幸福者なのかもしれない。

歳を取って身軽になるというのは、人間はいろいろなものを失って生きていくからだ。ある時期までは得るものが多くても、その時期を過ぎれば失うもののほうが多くなる。あるいは持っていても役に立たない、必要ないというものばかりになってくる。

その中で一番最初に失うのは何か。

たぶん、若さだろう。

当たり前すぎて拍子抜けする答えかもしれないが、若さを失うというのはそれに伴うたくさんのものを失うことだから、これは想像以上に、大きなことだと思う。

ただしぼくは、若さを失うことにひとつだけいいことがあると思っている。他人のことが次第に気にならなくなるのだ。ぼくはしばしば「他人は他人、自分は自分」と言い続けてきたが、おそらくたっぷりとご老体の方は、「当たり前でしょう、そんなこと」と言って微笑むはずだ。

逆に言えば、ぼくにはまだ若さの欠片が残っていることにもなり、そのあたりはちょっと複雑な気分になる。

誰でも覚えがあると思うが、一〇代、二〇代の頃はじつに周囲の人間が気になったものだった。好きな人間や尊敬する人間の一挙一動に注目し、あるいは自分の一挙一動が他人にどう思われるかをつねに気にする。

それがいつの頃からか、だんだん気にならなくなってくる。「いまさらどう思われても自分は変わらない」という気持ちや、「あの人にはあの人の考え方があるんだろうから」という一種の諦めが出てくる。

そういう経過を経て、人間関係が少しずつ整理されてくる。これも極めて自然なことで、気の合わない人間とはいつか疎遠になるし、気の合う人間とはどこかでつながりが保たれていく。会うことは滅多になくても、敬愛する友人とは確かに気持ちの通じ合うものを感じる。

少し前置きが長くなったが、ある年齢になってくれば、忘れ難い人間や大切な人間が、数は少なくても自分の周囲に存在するようになるということだ。

若い頃には大勢の人間と賑やかに付き合ってきたが、ぼくらはそろそろ、数よりも付き合いの質を大切にしたい年齢になっている。

けれども、それだけに別れが辛くなるのは本当のことだろう。この場合の別れとは死のことだ。

これからの人生には、その存在を身近に感じられる人と別れることがある。その人が死んでしまい、ポッカリと心に虚ろな穴が空いてしまうことがある。すでにもう、そんな辛い別れを経験した人がいるかもしれない。肉親や友人とは限らない。

誰にでも、他人には窺い知れない心のつながりを感じる人がいるのだから、別れはいつ、どんな形で襲ってくるかわからない。

でもやっぱり、どんな場合でも歳を取ることは身軽になることでいいのではないか。いろいろなものを失っていくのが人生なのだから、最愛の人を失うのも人生と諦めるしかないのではないか。

そうして身軽になっていく。流した涙の分だけ、身軽になって生きていくしかないだろう。最後に残るのは「一炊の夢」だ。

自分の周りにどんな死が訪れるかわからないが、いまはとりあえず、そう考えるしかない。

最後は「一炊の夢」に微笑んでサヨナラしたい

さっき山田風太郎の言葉を引用したが、この作家は死に関するアフォリズムをたくさん残している。

『人間臨終図巻』（徳間書店）という、古今のあらゆるジャンルの人間の死に方を年齢別に集めた本まで出したぐらいだから、死について考えるのは好きだったようだ。

——路傍の石が一つ水に落ちる。
無数の足が忙しげに道を通り過ぎていく。
映像にすればただ一秒

あるいは、

——死は推理小説のラストのように、本人にとっても最も意外なかたちでやって来る。
こういう言葉を読むと、つくづく思うのは死が誰にとっても一生に一度の体験であり、その体験と同時にすべてが終わってしまうのだという、いわば当たり前すぎる死の不思議さになってくる。誰にも必ずやって来ることなのに、インパクトが強烈なのだ。

——知らず、生まれ、死ぬる人、いずかたより来たりて、いずかたへか去る。

鴨長明『方丈記』の有名な一節だが、だからと言ってぼくは死を孤独なものとは思わない。共有できないというだけのことで、すべての人間に共通する人生最後の体験であることは間違いないからだ。

ただし、この体験はどんな作家にも書けない。ここが悔しいところで、わが人生のフィナーレを、ぼくは絶対にマンガにできないのだ。自分の死については、まさにその一瞬に、「ああ、こういうものなのか」と納得するしかないのだろう。

理想を言えば、死の直前まで、好きなマンガを描いて生きることだ。わが人生を楽しみ続けることだ。その終点に死があるのだと思えば、気楽さは失われない。

人生は「一炊の夢」という。

いままでにあったこと、これから起こること、とにかく誰にとっても長い人生に思えてくるが、死の間際に夢を見れば、おそらくほんのひと眠りの浅い夢の中で、辿ってきた長い人生が走馬灯のように浮かんでは過ぎていくのだろう。

そのとき、ひとコマひとコマには楽しい場面だけが浮かぶような人間でありたい。

地位だ、名誉だ、財産だなどと騒いでも、たったひとりで死んでいくのは間違いないのだから、誰からも覗き込まれない「一炊の夢」に微笑めばいいのだ。

ぼくが悔しいのは、それをマンガにしてわが人生にサヨナラできないことだけだ。

おわりに

人生、楽しかったか、つまらなかったかを「最後に決めるもの」

ナンテンの木を大事にしている男がいた。

生家の庭から移したもので、秋が深まると真っ赤な実をたくさんつける。

生家はとっくに人手に渡っている。

男は生家が売られる前に、そのナンテンの木を自分が住んでいた借家の小さな庭に植えた。それから数回引越し、子供も大きくなって家を出た。いまは妻と二人暮らしだが、これといって生活に不満はない。

家は相変わらず借家のままで、質素な暮らしだが友人にも恵まれている。ときおりひとりで二泊ほどの旅に出たり、夫婦で近所の蕎麦屋で「外食」を楽しんだりする。

ナンテンは、男の父親が大事にしていたものだった。

「親父が残したのはこれだけ。だからおれも、残すのはこのナンテンだけでいい」

男はそう考えている。

ぼくらはそろそろ人生の後半に差しかかっている。寿命と年齢を考えれば、後半というよりはもうちょっと後ろにいるかもしれない。

でも終盤とは思いたくない。

まだまだ人生は長いし、これから楽しみたいことがたくさんあるからだ。

そのとき、これからの自分に必要なくなるものは何なのか、いまから少しずつ考えていくことも大事ではないだろうか。

試みに考えてみて欲しい。不要なものはたくさん出てくるはずだ。

どういう人生になるかわからないが、執着しても仕方がないものや、持っていても邪魔になるだけのものがたくさん出てくるはずだ。

それをまず、いざとなったら捨てればいいと思える人間と、そうはいかないとしがみつく人間では、これからの人生が大きく変わってくるのではないか。

なぜなら、楽しみの種は自分自身の中にしかないからだ。何を楽しんで生きるにしても、その楽しさに空身《からみ》で飛び込んでいける人間でなければならないからだ。余分な荷物があったら指をくわえて眺めるしかなくなる。

この本でぼくが主に書いてみたのは、その「余分な荷物の捨て方」だった。

でももうひとつ付け加えれば、自分の人生が楽しかったかどうかは、これからの生き方次第で決まってくる。いまはまだ、捨てられない荷物に苦しんでいる人も、やがてはひとつずつ、肩のしこりが薄らいでいくのだなと思えばいいのではないか。それが、これから待ち構えている人生なのだと。

そして終盤の人生を迎えたときに、いまの男のように、ぼくらには一本のナンテンがあればいい。

それまでは、わが人生の楽しみだけを追い求めたい。できるはずだし、できて当然だ。荷は少しずつ、軽くなっていくのだから。

弘兼憲史

本書は、新講社より刊行された『「六つの決心」であなたの人生はこう変わる』を、文庫収録にあたり改題したものです。

弘兼憲史（ひろかね・けんし）
１９４７年、山口県生まれ。早稲田大学法学部卒業。松下電器産業（現パナソニック）に勤務後、74年に『風薫る』で漫画家デビュー。その後『人間交差点』で小学館漫画賞（84年）、『課長 島耕作』で講談社漫画賞（91年）、講談社漫画賞特別賞（２０１９年）、『黄昏流星群』で文化庁メディア芸術祭マンガ部門優秀賞（00年）、日本漫画家協会賞大賞（03年）を受賞。その作品は、人間、社会についての縦横無尽な洞察が高い評価を得ている。07年には紫綬褒章を受章。
人生、生き方に関するエッセイも多数手がけ、20万部超のベストセラー『弘兼流 60歳からの手ぶら人生』（海竜社）、『弘兼流 やめる！ 生き方』（青春出版社）、『50歳からの「死に方」』（廣済堂出版）、『死ぬまで上機嫌。』（ダイヤモンド社）などの著書がある。

知的生きかた文庫

弘兼流《ひろかねりゅう》　50代《だい》からの人生《じんせい》を楽《たの》しむ法《ほう》

著　者　弘兼憲史《ひろかねけんし》
発行者　押鐘太陽
発行所　株式会社三笠書房
〒一〇二－〇〇七二　東京都千代田区飯田橋三－三－一
電話〇三－五二二六－五七三四〈営業部〉
〇三－五二二六－五七三一〈編集部〉
https://www.mikasashobo.co.jp
印刷　誠宏印刷
製本　若林製本工場

ISBN978-4-8379-8709-3 C0130

知的生きかた文庫

疲れない体をつくる免疫力　安保　徹

免疫学の世界的権威・安保徹先生が、「疲れない体」をつくる生活習慣をわかりやすく解説。ちょっとした工夫で、免疫力が高まり、「病気にならない体」が手に入る！

食べても食べても太らない法　菊池真由子

ハラミよりロース、キュウリよりキャベツ、ケーキよりシュークリーム……ちょっとした選び方の工夫で、もう太らない！　管理栄養士が教える簡単ダイエット。

ズボラでもラクラク！飲んでも食べても中性脂肪コレステロールがみるみる下がる！　板倉弘重

我慢も挫折もなし！うまいものを食べながら！最高のお酒を味わいながら！好きに飲んで食べてたいズボラな人でも劇的に数値改善する方法盛りだくさんの一冊！

首の痛みは、自分で簡単に治せる！　竹谷内康修

整形外科医かつカイロプラクターの著者が、首の痛みを根本的に治す方法を解説！簡単にできる3つの体操から、イスの選び方・座り方まで、効果抜群の内容！

1日5分で髪が増える法　板羽忠徳

美容師・ヘアカウンセラーとして活躍する著者が、薄毛の仕組みからシャンプーのコツ、髪の健康によい生活習慣まで、正しい頭髪ケアの方法をわかりやすく伝授！

C50364

知的生きかた文庫

気持ちの整理
不思議なくらい前向きになる94のヒント
斎藤茂太

心のクヨクヨが嘘みたいにすっきり晴れ渡る、あなたにぴったりの「気分転換法」がたくさん見つかります！　人生に〝いい循環〟がめぐってくる本。

心配事の9割は起こらない
枡野俊明

余計な悩みを抱えないように、他人の価値観に振り回されないように、無駄なものをそぎ落として、限りなくシンプルに生きる──禅が教えてくれる、48のこと。

小さな悟り
枡野俊明

「雨が降ってきたから傘をさす」──それくらいシンプルに考え、行動するためのホッとする考え方、ハッとする気づき。心が晴れる99の言葉に出会えます。

60歳からの人生の愉しみ方
山﨑武也

人生で一番楽しい時がやってくる60歳、自分のための人生を始めよう！　一読すれば「新しい人生のステージ」に踏み出すエネルギーがみなぎってきます。

気にしない練習
名取芳彦

「気にしない人」になるには、ちょっとした練習が必要。仏教的な視点から、うつうつ、イライラ、クヨクヨを〝放念する〟心のトレーニング法を紹介します。

C50394

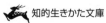